Lev Tolstói

El primer peldaño

Y otros escritos sobre vegetarianismo

Selección, introducción y traducción del ruso
de Joaquín Fernández-Valdés Roig-Gironella

editorial Kairós

© 2016 by Joaquín Fernández-Valdés Roig-Gironella
All rights reserved

© 2017 by Editorial Kairós, S.A.
   Numancia 117-121, 08029 Barcelona, España
   www.editorialkairos.com

Fotocomposición: Moelmo, S.C.P. Girona, 53. 08009 Barcelona
Revisión: Alicia Conde
Diseño cubierta: Katrien Van Steen
Impresión y encuadernación: Romanyà-Valls. Verdaguer, 1. 08786 Capellades

Primera edición: Abril 2017
ISBN: 978-84-9988-551-3
Depósito legal: B 1.809-2017

Este libro ha sido impreso con papel certificado FSC, proviene de fuentes
respetuosas con la sociedad y el medio ambiente y cuenta con los
requisitos necesarios para ser considerado un «libro amigo de los bosques».

Sumario

Prefacio

«La compasión por los animales es algo tan natural
en nosotros que solo la costumbre, la tradición y la
inculcación pueden lograr que nos volvamos insensibles
ante su sufrimiento y muerte.»

LEV TOLSTÓI

«¿Tolstói era vegetariano?», se sorprenden muchas personas
que, aunque están familiarizadas con la obra del escritor ruso,
desconocen totalmente su faceta humanista, religiosa y filosó-
fica. Esta selección de textos pretende dar a conocer este aspecto tan importante de la vida de Lev Tolstói (1828-1910) y
llenar este vacío: no hemos encontrado en nuestro país ninguna obra dedicada específicamente al Tolstói vegetariano. Tampoco en Rusia se ha hecho demasiada difusión de este aspecto
crucial de su pensamiento, ya que, si bien a finales del siglo XIX
los movimientos vegetarianos tuvieron un auge considerable,
durante la Unión Soviética fueron silenciados e incluso perse-
guidos.

Quien conozca *El reino de Dios está en vosotros* o *Confesión* sabrá que hacia 1880, cuando Tolstói ya gozaba de fama mundial, tuvo una profunda crisis espiritual que lo llevó al borde del suicidio. Se concentró a partir de entonces en la literatura religiosa, moral, social y pedagógica, y creó un nuevo modo de interpretar el cristianismo que hace especial hincapié en el Sermón de la Montaña y en la no resistencia al mal con la violencia: «no matarás». Y es justamente dentro de esta relectura de las enseñanzas de Jesús donde se debe enmarcar el vegetarianismo de Tolstói, que responde, ante todo, a cuestiones éticas y morales. Porque para el autor ruso el «no matarás» no se limita solo a las personas, sino que se extiende a todos los animales. Y eso que hasta su transformación espiritual, Tolstói había sido un apasionado cazador, práctica que abandonó definitivamente en 1883 y de la que abominó a partir de entonces.

La búsqueda espiritual de Tolstói la encontramos ya en sus años de juventud, y sus diarios nos muestran sus dolorosos esfuerzos por autoperfeccionarse, por llevar una vida moral y justa; con ese fin, se imponía a sí mismo una serie de reglas que debía seguir en el día a día. Pero frecuentemente era incapaz de cumplirlas y acababa cediendo a sus pasiones.

Tolstói sitúa el inicio de su vegetarianismo en 1883, año en el que conoció a Vladímir Chertkov (1854-1936), quien, además de convertirse en su íntimo amigo y editor de algunas de sus obras, fue quien le dio a conocer el movimiento vegetariano. El 18 de julio de 1884 Tolstói escribe en su diario: «He modificado mis hábitos. [...] No bebo alcohol ni como carne. Todavía fumo, pero menos». Sin embargo, este cambio de alimentación fue paulatino, y durante los primeros años alternó períodos en los que consumía carne con otros en los que seguía una dieta vegetariana estricta.

El vegetarianismo no solo tuvo implicaciones en la vida de Tolstói, sino en la de toda su familia, y se convirtió en fuente de numerosas discusiones y reproches. Su mujer —Sofia Andréievna— no aceptaba muchas de las nuevas ideas de su marido, y continuó comiendo carne y pescado; pero algunos de sus hijos sí adoptaron esta nueva dieta. Entre ellos, los que lo hicieron con más convicción fueron Lev, Tatiana y Maria. Así pues, la familia quedó simbólicamente dividida en dos bandos, lo que se reflejaba de una manera muy gráfica a la hora de comer: a un lado se sentaban los vegetarianos y al otro los carnívoros. Las cartas y diarios de la familia Tolstói dan testimonio de esta tensa situación. Sofia Andréievna le escribió a su marido el 22 de diciembre de 1885: «¿Acaso este pernicioso vegetarianismo debe matarte irremediablemente y no hay posibilidad de que cambies de opinión?». Sofia Andréievna estaba realmente preocupada por la salud de su marido e hijos, y creía que la dieta vegetariana les estaba debilitando y perjudicando.

Dušan Makovický fue el médico de la familia Tolstói entre 1904 y 1910, y se instaló a vivir con ellos en su finca de Yásnaia Poliana. Durante esos años se dedicó a anotar todo lo que decía el escritor ruso y lo que sucedía en la casa, lo que nos ha proporcionado un valioso testimonio que nos permite conocer de primera mano el día a día de la familia. Pues bien, en sus diarios encontramos numerosas referencias al vegetarianismo de Tolstói, a la dieta que seguía, y a sus opiniones sobre salud y medicina, caza y trato a los animales.

El primer peldaño

El primer peldaño constituye la obra principal de Tolstói sobre el vegetarianismo. Su publicación tuvo una gran repercusión en Rusia, donde se llegó a calificar como «La biblia del movimiento vegetariano».*

Cuando en 1891 Chertkov dio a leer a Tolstói *The Ethics of Diet. A Catena of Authorities Deprecatory of the Practice of Flesh Eating* del inglés Howard Williams (1837-1931), el autor de *Guerra y paz* se quedó muy impresionado y pensó que era necesario traducirlo al ruso, algo que hizo con la ayuda de su hija Maria e incluso de Sofia Andréievna, a pesar del rechazo de esta por tales ideas. Tolstói quiso escribir un prólogo para esta traducción en el que expondría sus ideas sobre la abstinencia, el ayuno, la gula y el vegetarianismo. Este prólogo se convirtió en el ensayo *El primer peldaño*, que inicialmente el autor había titulado *La escalera de la virtud* y más tarde *El primer paso de la virtud*.

---

*   Esta afirmación la hizo Iósif Pérper (1886-1937), que se hizo vegetariano tras leer *El primer peldaño* y más adelante se convirtió en activista de este movimiento y en editor del *Veguetariánskoie Obozrenie*, la principal revista rusa sobre el vegetarianismo. *(N. del T.)*

Con el fin de recopilar materiales para esta obra, Tolstói visitó el matadero de Tula el 7 de julio de 1891, algo de lo que dejó constancia en su diario: «He estado en el matadero. Arrastran al animal por los cuernos, le retuercen la cola hasta que los cartílagos le crujen, no aciertan a la primera, pero cuando lo hacen, el animal se resiste y le rajan el cuello, vierten su sangre en un recipiente y después le arrancan la piel de la cabeza. La cabeza, despojada de la piel y con la lengua mordida, mira hacia arriba, mientras la panza y las patas se convulsionan. Los matarifes se enfadan con los animales por no morir rápido».

Ese mismo día, Sofia Andréievna escribe en su diario: «Lióvochka* ha ido a Tula [...], ha estado en un matadero de toros y, muy conmocionado, nos ha relatado ese terrible espectáculo, el miedo que pasan cuando los conducen allí, cómo les arrancan la piel de la cabeza cuando aún siguen agitando las patas y no han muerto. ¡Realmente es terrible, pero cualquier muerte lo es!».

Y su hija Tatiana escribe: «Hoy papá ha ido al matadero de Tula en un tren de cercanías y nos ha contado lo que ha visto. Es horrible, creo que el relato de papá es suficiente para dejar de comer carne. No me atrevo a decir que lo consiga, pero lo intentaré».

Como hemos dicho, para el autor ruso ser vegetariano respondía a motivaciones morales estrechamente relacionadas con el ayuno, el autocontrol y la gula: dejar de comer animales constituía el primer paso para empezar el ascenso por la escalera de las virtudes cristianas. Así pues, no se puede desligar el vege-

---

* Diminutivo afectuoso de Lev. *(N. del T.)*

tarianismo de Tolstói de su modo de entender el cristianismo, muy alejado, por cierto, de los preceptos de la Iglesia.

Según Tolstói, aunque la perfección de Jesús es inalcanzable, el auténtico cristiano debe esforzarse por aproximarse a ella, y para ascender por esta escalera de la perfección se debe empezar necesariamente por abajo, por el primer peldaño; es decir, por la abstinencia (léase autocontrol, continencia, moderación) y, dentro de esta, por el vegetarianismo. La abstinencia que Tolstói propugnaba no es en absoluto un concepto original del cristianismo: los antiguos griegos ya la preconizaban, y le debe mucho, a su vez, a la filosofía oriental, por la que el escritor ruso sentía un vivo interés.

Tolstói considera que para llevar una «vida moral» (literalmente, «vida buena» en el original ruso, que se podría entender también como «vida ética», «correcta» o «virtuosa») debemos empezar por dejar de causar daño a otros seres vivos, en la medida de lo posible. Reconoce que aunque es imposible vivir sin causar la muerte de ningún ser vivo, esto no debe servirnos como excusa para seguir obrando mal: debemos esforzarnos por perjudicar a cuantos menos animales mejor y así acercarnos al modelo de perfección moral. Y puesto que tenemos a nuestro alcance toda clase de verduras, cereales y fruta, ya no es necesario hacer sufrir y matar animales para comérnoslos: no tiene ninguna justificación, ni médica (su consumo incluso nos perjudica) ni mucho menos moral.

Además, considera que gran parte de los males de nuestra sociedad se deben a la incapacidad de controlar nuestros deseos e impulsos, al desenfreno: hemos olvidado lo que es el autocontrol y la moderación. Solo nos interesa dar placer a nuestros sentidos, comer hasta la saciedad, aunque con ello provoquemos el sufrimiento y la muerte de animales y violemos la ley cristiana fundamental anteriormente mencionada: «no matarás».

Sin duda, el capítulo 9 de *El primer peldaño* es la parte más desgarradora de todo el ensayo. En él, Tolstói describe su visita al matadero de Tula —de la que ya hemos hablado— sin ahorrarnos ningún detalle y desplegando toda la fuerza de su prosa para relatar el trato salvaje que se da a los animales. Es impactante la deshumanización de los trabajadores del matadero, que parecen no sentir la menor empatía por el sufrimiento de los animales.

Hay numerosos testimonios de contemporáneos de Tolstói que aseguran que tras leer *El primer peldaño* se quedaron tan impresionados que decidieron hacerse vegetarianos. Y el impacto fuera de Rusia no fue menor, ya que esta obra fue traducida al francés, danés, polaco, inglés y alemán.

Otros escritos de esta selección

Además de *El primer peldaño*, hemos considerado interesante incluir otros textos sobre vegetarianismo escritos o compilados por Tolstói, así como dos textos de sus hijos Tatiana y Lev.

El lobo es un cuento muy breve que Lev Tolstói escribió para sus nietos y que constituye, además, un curioso documento sonoro: Tolstói lo grabó en un fonógrafo en 1908, y todo aquel que lo desee, puede oírle leyéndolo.

Círculo de lectura es una compilación de aforismos de distintos autores que Tolstói seleccionó a lo largo de varios años. Se publicó también bajo el título de *Calendario de la sabiduría.* Y es que todo el material está organizado a modo de calendario: cada día se le propone al lector algún tema filosófico-religioso mediante una serie de aforismos que Tolstói mismo ha traducido, y, en algunos casos, incluso ha escrito. Hemos escogido los días del año cuya temática giraba en torno al vegetarianismo.

En esta misma línea encontramos «El pecado de comer carne», que forma parte de la obra *El camino de la vida.* Aquí, Tolstói hizo una selección de máximas morales que organizó por temas, como por ejemplo el amor, el espíritu, la conciencia, el pecado, la fe en Dios, el miedo a la muerte, etcétera.

En cuanto a los escritos de sus hijos, tenemos *El pollo*, un divertido episodio extraído del diario de Tatiana, que relata la lección que Lev Tolstói le quiso dar a una pariente que los visitó y a la que le gustaba mucho la carne; ató a un pollo vivo a la pata de una silla, dejó un cuchillo sobre la mesa y le dijo que si se lo quería comer, que lo matara ella misma. Por supuesto, la invitada ordenó entre risas que liberaran al pollo.

A continuación y para cerrar esta selección, tenemos la «Reforma de la alimentación», un discurso que el hijo del escritor —que también se llamaba Lev— dio en 1903 ante la Sociedad Vegetariana de San Petersburgo. Sus ideas y afirmaciones dejarán a más de uno sorprendido por su vigencia. Tras hacer un repaso de los motivos por los que hoy en día comer animales es algo totalmente injustificado e innecesario, nos explica cuál puede ser la dieta diaria de un vegetariano y cómo se deben cocinar los alimentos (al vapor y, aún mejor, debemos comerlos crudos). El hijo de Tolstói aboga no solo por el vegetarianismo, sino por el veganismo, e incluso por el frugivorismo (alimentarse solo de frutas) como ideal de la alimentación, ya que considera que biológicamente, como primates que somos, la carne no es una alimentación propia para el ser humano y nos causa serios problemas de salud.

Para acabar, quiero reconocer la importancia que han tenido para el estudio y selección de estos materiales dos fantásticos libros: *Ein unbekanntes Russland. Kulturgeschichte vegetarischer Lebensweisen von den Anfängen bis zur Gegenwart* [Rusia desconocida. Historia de la cultura vegetariana desde el inicio hasta nuestros días] del eslavista alemán Peter Brang; y *Rossía neizvéstnaia. Pérvaia stupén* [Rusia desconocida. El primer peldaño] de A. Kiureguián, obra que cayó en mis manos durante una estancia en Moscú y que me animó a embarcarme en este proyecto. Asimismo, quiero agradecer el asesoramiento que desde el museo-hacienda Tolstói de Yásnaia Poliana me han dado para la selección de estos materiales.

JOAQUÍN FERNÁNDEZ VALDÉS ROIG-GIRONELLA

El primer peldaño

1

Si una persona hace algo no por las apariencias, sino con la voluntad real de hacerlo, sus acciones seguirán inevitablemente un orden determinado, que será inherente a la naturaleza misma del asunto. Si una persona pospone —o no hace en absoluto— lo que por la naturaleza del asunto debería haber hecho antes —y que resulta imprescindible para su continuidad—, probablemente no se esté tomando el asunto en serio, solo lo esté simulando. Esta regla siempre es válida, tanto en los asuntos materiales como en los no materiales. Del mismo modo que es imposible que alguien desee seriamente hacer pan si antes no ha amasado la harina, calentado el horno y barrido las brasas, también es imposible que alguien desee seriamente llevar una vida moral si no ha seguido un orden determinado para alcanzar las cualidades necesarias para ello.

Esta regla es especialmente importante cuando nos referimos a una vida moral, ya que mientras que en los asuntos materiales —como, por ejemplo, la elaboración del pan— los resultados nos permiten comprobar si la persona se ha dedicado a ello seriamente o si solo lo ha simulado, cuando hablamos de una vida moral, es imposible comprobarlo. Si una persona no amasa la harina y no calienta el horno —como se hace en el teatro, donde todo es simulado—, el resultado (la falta de pan) pondrá en evidencia que se trataba de una simple simulación. Sin embargo, si una persona finge llevar una vida moral, no disponemos de ningún indicador directo que nos muestre si esa persona lo está haciendo de veras o si simplemente lo está fingiendo: los resultados de llevar una vida moral, aparte de que no siempre son tangibles ni evidentes para la gente que te rodea, muy a menudo esta misma gente incluso los considera perniciosos. Además, que tu entorno admire tus acciones y las considere útiles y agradables no demuestra en absoluto que tu vida sea realmente moral.

Por ello, para poder distinguir una vida moral de otra que finge serlo, nos resulta especialmente valioso este indicador que establece el orden que se debe seguir para alcanzar las cualidades que toda vida moral debe tener necesariamente. Este indicador es valioso no tanto para descubrir la autenticidad de los esfuerzos de los demás en llevar una vida moral, sino para descubrirla en nosotros mismos, ya que en esta materia somos propensos a engañarnos aún más que al resto.

Para avanzar hacia una vida moral es imprescindible establecer el orden necesario que se debe seguir en la consecución de sus buenas cualidades; por ello, todos los maestros de la humanidad han establecido el orden invariable que se debe seguir para ello.

Todas las doctrinas morales han establecido una escalera que, como dice la sabiduría china, va desde la tierra hasta el cielo, y cuya ascensión solo puede hacerse empezando por el peldaño más bajo. Tanto las doctrinas de los brahmanes, budistas y confucianos como las de los filósofos griegos determinan los escalones de la virtud: no se puede llegar al superior si antes no se ha superado el inferior. Todos los maestros morales de la humanidad, tanto religiosos como no religiosos, han reconocido que es necesario seguir un orden determinado para alcanzar la virtud, imprescindible para toda vida moral. La necesidad de este orden se desprende de su misma esencia y, por ello, parece que debería ser aceptado por todo el mundo.

Pero ¡cosa curiosa! La conciencia de que es necesario seguir un orden en las cualidades y en los actos esenciales de toda vida moral se va perdiendo cada vez más y queda relegada al ámbito ascético y monacal. En la esfera laica, se admite y se acepta que una persona puede alcanzar las cualidades más elevadas de una vida moral sin necesidad de haber logrado las inferiores —condición necesaria para adquirir las superiores—, e incluso aunque la persona tenga toda clase de vicios. En consecuencia, hoy en día para la mayoría de personas del ámbito laico el concepto de lo que es una vida moral resulta enormemente confuso. Se ha perdido la noción de qué es una vida moral.

2

Y esto, según mi opinión, ocurrió del siguiente modo.

Cuando el cristianismo reemplazó al paganismo, implantó unas exigencias morales superiores a las paganas y, como no podía ser de otro modo, al hacerlo estableció —igual que la moralidad pagana— un orden imprescindible para adquirir las virtudes, estableció unos peldaños para alcanzar la vida moral.

Las virtudes de Platón empiezan por la abstinencia y, mediante la valentía y la sabiduría, se alcanza la justicia; las virtudes cristianas empiezan por la abnegación y, mediante la fidelidad a la voluntad de Dios, se alcanza el amor.

Quienes adoptaron seriamente el cristianismo se esforzaron por llevar una vida cristiana moral, porque así entendían el cristianismo, y siempre iniciaban esta vida moral renunciando a la lujuria. Esta renuncia ya estaba incluida en la abstinencia pagana.

La doctrina cristiana reemplazó a la pagana porque era distinta y superior a aquella. Pero tanto la doctrina cristiana como la pagana conducen a las personas a la verdad y al bien. Y dado que la verdad y el bien son siempre una misma cosa, el camino hacia ellas debe ser el mismo, y los *primeros* pasos hacia esta dirección deben ser inevitablemente los mismos tanto para el cristiano como para el pagano.

La diferencia entre la doctrina del bien cristiana y la pagana radica en que el paganismo es una doctrina de perfección finita, y el cristianismo es una doctrina de perfección infinita. Platón, por ejemplo, pone como modelo de perfección la justicia, mientras que Cristo pone como modelo la perfección infinita del amor. «Sed perfectos como vuestro padre celestial».* He aquí la diferencia de actitud de las doctrinas pagana y cristiana con respecto a los distintos peldaños de la virtud. Alcanzar las virtudes elevadas, según la doctrina pagana, es posible, y todo escalón tiene un significado relativo: cuanto más alto es el escalón que se sube, mayor es su valor; de modo que, desde el punto de vista pagano, las personas se dividen en virtuosas, no virtuosas y más o menos virtuosas. No obstante, según la doctrina cristiana —que sitúa como ideal la perfección infinita—, esta división es imposible. No puede haber escalones superiores e inferiores. Según la doctrina cristiana, que muestra la infinitud de la perfección, todos los peldaños son iguales entre sí en cuanto al ideal infinito. La diferencia es que en el paganismo el mérito está en el peldaño que se ha alcanzado, mientras que en el cristianismo el mérito está únicamente en el proceso de alcanzarlo, en la mayor o menor velocidad del movimiento. Desde un punto de vista pagano, una persona que

---

* Mateo 5, 48. *(N. del T.)*

posee la virtud de la moderación está moralmente por encima de una persona que no posea esta virtud; una persona que además de moderación posea valentía está aún más arriba. Sin embargo, un cristiano no puede considerarse moralmente por encima ni por debajo de otra persona; el cristiano solo es más cristiano cuanto más rápido avanza hacia la perfección infinita, independientemente del peldaño en el que se encuentre. De modo que la justeza inmóvil del fariseo está por debajo del movimiento del malhechor arrepentido en la cruz.

En lo que no puede haber ninguna diferencia entre el paganismo y el cristianismo es en que el movimiento hacia la virtud y perfección no puede realizarse sin haber pasado por los niveles de virtud inferiores.

Del mismo modo que quien quiere subir una escalera no puede evitar empezar por el primer peldaño, tanto el cristiano como el pagano no pueden evitar empezar el proceso de perfeccionamiento desde el principio, es decir, desde la abstinencia —que es desde donde empieza el pagano—. La única diferencia radica únicamente en que para el pagano la abstinencia es en sí misma una virtud, mientras que para el cristianismo la abstinencia es únicamente una parte de la abnegación, que constituye una condición imprescindible para aspirar a la perfección. Por ello, el cristianismo auténtico no pudo rechazar aquellas virtudes que el paganismo también señalaba.

Pero no todo el mundo entendió el cristianismo como una aspiración a la perfección del padre celestial; el cristianismo mal entendido destruyó la sinceridad y seriedad de la actitud de la gente hacia su doctrina moral.

Si una persona cree que puede salvarse sin cumplir con la doctrina moral del cristianismo, le resultará natural pensar que es innecesario esforzarse por ser buena. Por ello, una persona que cree que existe un medio de salvarse sin necesidad de esforzarse personalmente para alcanzar la perfección[1] no aspirará a ello con la misma energía y seriedad con las que lo hará otra persona que el único medio que conoce es el esfuerzo personal. Y al no aspirar a ello con una seriedad total porque conoce otros medios aparte del esfuerzo personal, la persona desdeñará inevitablemente el orden inalterable que se debe seguir para alcanzar las cualidades necesarias de toda vida moral. Esto es lo que sucedió con la mayoría de personas que profesaron el cristianismo de un modo externo.

---

1. Como ocurre, por ejemplo, con la indulgencia en el catolicismo. *(N. del A.)*

3

La doctrina según la cual el esfuerzo personal no es necesario para que una persona alcance la perfección espiritual —porque para ello hay otros medios— es la causa de que se haya debilitado la voluntad de llevar una vida moral y de que se haya obviado el orden imprescindible que se debe seguir para alcanzar esta vida moral.

Una enorme cantidad de gente, que solo adoptó el cristianismo externamente, se aprovechó de la sustitución del paganismo por el cristianismo porque, liberándose de las exigencias de las virtudes paganas —como si en el cristianismo no fueran necesarias—, se liberaban de la necesidad de luchar contra su naturaleza animal.

Lo mismo hicieron aquellos que dejaron de creer en este cristianismo externo. Y, como los creyentes, colocaron en el lugar del cristianismo externo alguna causa aparentemente moral aceptada por la mayoría —como el servicio a la ciencia, al arte, a la humanidad—, y, en nombre de esta causa aparentemente moral, se liberaron de seguir este orden necesario para adquirir las cualidades necesarias de toda vida moral, y así podían contentarse fingiendo —como en el teatro— vivir una vida moral.

Estas personas, que abandonaron el paganismo y no adoptaron el cristianismo en su sentido auténtico, empezaron a predicar el amor a Dios y a los hombres sin la abnegación, y la justeza sin la abstinencia; es decir, a predicar las más altas virtudes sin haber alcanzado las inferiores (no las virtudes en sí, sino algo parecido).

Unos predican el amor a Dios y a los hombres sin abnegación, otros predican el humanitarismo, el servicio a las personas y a la humanidad sin abstinencia. Y como esta enseñanza estimula la naturaleza animal de las personas introduciéndolas aparentemente en las más elevadas esferas morales y liberándolas de las exigencias morales más elementales —ya señaladas hace mucho por los paganos y no solo no rechazadas, sino reforzadas por el auténtico cristianismo—, fue adoptada gustosamente tanto por creyentes como por no creyentes.

Hace unos días salió publicada una encíclica papal sobre el socialismo. En ella, tras refutarse la idea de los socialistas sobre la ilegitimidad de la propiedad privada, se dice directamente: «Por supuesto, nadie está obligado a ayudar al prójimo dando lo que él mismo o su familia necesita (*"Nul assurément n'est tenu de soulager le prochain en prenant sur son necéssaire ou sur celui de sa famille"*) o si con ello disminuye lo que exige el decoro. En efecto, nadie debe vivir en contra de las convenciones (esta cita es de santo Tomás: *"Nullus enim inconvenienter debet vivere"*)». Y la encíclica continúa diciendo: «Solo después de haber cubierto la necesidad y las convenciones externas, debemos dar a los pobres lo que nos sobra».

Esto es lo que predica el jefe de una de las Iglesias más extendidas actualmente. Y junto a esta doctrina del egoísmo, que ordena dar al semejante lo que no necesitamos, se predica el amor, y se citan con énfasis las célebres palabras de Pablo sobre el amor (del capítulo 13 de la primera Carta a los Corintios).

A pesar de que toda la doctrina del Evangelio está repleta de exigencias de abnegación, de instrucciones acerca de que la abnegación es la primera condición de la perfección cristiana, a pesar de máximas tan claras como: «Quien no lleve su cruz... Quien no reniegue de su padre y madre... Quien no destruya su vida...», la gente se convence a sí misma y al resto de que es posible amar a los demás sin renunciar no solo a lo que está acostumbrado, sino a lo que considera decoroso.

Esto es lo que dicen los falsos cristianos y es exactamente lo que piensan, dicen y escriben los librepensadores, que no solo rechazan la doctrina cristiana externa, sino también la auténtica. Estas personas se convencen a sí mismas y al resto de que sin disminuir en absoluto sus necesidades y sin vencer su lujuria se puede servir a los demás y a la humanidad, es decir, llevar una vida moral.

La gente ha rechazado el orden pagano de la virtud y, sin haber asimilado la doctrina cristiana en su auténtico sentido, tampoco ha adoptado el orden cristiano, quedándose de este modo sin ningún tipo de guía.

4

En la antigüedad, cuando no existía la doctrina cristiana, para todos los maestros de la vida, empezando por Sócrates, la primera virtud de la vida era la abstinencia —ἐγκράτεια o σωφροσύνη—, y era evidente que toda virtud debía empezar y pasar necesariamente por la abstinencia. Estaba claro que una persona que no sabe dominarse, que fomenta en su interior el deseo desenfrenado y que está sometido a este no podía llevar una vida moral. Estaba claro que antes de que una persona pudiera pensar no solo en la generosidad y el amor, sino también en el desinterés y la justicia, debía aprender a dominarse a sí mismo. En cambio, según nuestra concepción de la vida, todo esto es innecesario: estamos absolutamente convencidos de que una persona que fomenta su desenfreno hasta el alto grado en el que se fomenta en nuestra sociedad y que es incapaz de vivir sin satisfacer los cientos de hábitos innecesarios que le dominan puede llevar sin problema una vida moral y de bondad.

En nuestro tiempo y en nuestra sociedad no se considera algo esencial el esfuerzo por poner freno a nuestro deseo, ni siquiera se considera algo secundario: al contrario, se considera que este autocontrol es innecesario para llevar una vida moral.

Según la doctrina imperante más extendida en la actualidad sobre la vida, el aumento de nuestras necesidades es, al contrario, una cualidad deseada, una señal de desarrollo, de civilización, cultura y perfeccionamiento. La gente llamada avanzada considera que los hábitos del confort —es decir, la molicie— no solo no son perjudiciales, sino que son beneficiosos: muestran la altura moral de una persona, casi su castidad.

Cuanto más necesidades tenga alguien y cuanto más refinadas sean estas necesidades, tanto mejor.

No hay nada que confirme esto de un modo tan evidente como la poesía descriptiva y, especialmente, las novelas del siglo pasado y del actual.

¿Cómo se describe a los héroes y a las heroínas que representan el ideal de la virtud?

En la mayoría de casos, los hombres que deben representar lo elevado y noble —empezando por Childe Harold y terminando por los últimos héroes de Feuillet, Trollope y Maupassant— no son más que holgazanes depravados, inútiles para todo y para todos; en cuanto a las heroínas, son más o menos, y de uno u otro modo, las amantes de estos hombres, y su función es proporcionarles placer, como si fueran artículos de lujo ociosos y entregados.

No estoy hablando de los retratos de personas moderadas y trabajadoras que de vez en cuando encontramos en la literatura, sino de un tipo habitual que constituye el ideal de las masas: una clase de persona a la que la mayoría de hombres y mujeres se quiere parecer. Recuerdo que cuando escribía novelas, describir fielmente a un personaje mundano que fuera positivo y bondadoso constituía para mí una dificultad inexplicable contra la que debía luchar. Y sé que actualmente a los novelistas que tienen una mínima idea —aunque sea vaga— de lo que es la auténtica belleza moral les ocurre lo mismo.

5

Una prueba evidente de que la gente de nuestro tiempo no reconoce la abstinencia pagana ni la abnegación cristiana como
algo deseable y bueno, y de que considera el aumento de las
necesidades como algo bueno y elevado, es el hecho de cómo
se educa a los niños de nuestra sociedad en la inmensa mayoría de los casos. No solo no se les acostumbra a la moderación,
como se hacía entre los paganos, ni a la abnegación como debe
hacerse entre los cristianos, sino que se les inculca los hábitos
de la molicie, la holgazanería física y la exuberancia.

Hace tiempo que quiero escribir el siguiente cuento: una mujer se enfada con otra y como venganza rapta al hijo de su ene-
miga y lo lleva ante un brujo, al que le pide que le muestre la
venganza más cruel que puede cometer contra ese niño. El brujo le dice a la raptora que lleve al niño a cierto lugar, y le asegura que la venganza será terrible. La perversa mujer sigue sus
instrucciones, pero para su sorpresa se entera de que el niño
ha sido adoptado por un hombre rico sin hijos. Entonces acude
al brujo a reprochárselo, pero él le manda esperar. El niño cre-
ce entre lujo y molicie. La mujer perversa está perpleja, pero

el brujo le manda que espere un poco más. Y, efectivamente, llega un día en que la mujer perversa se siente satisfecha e incluso le da lástima su víctima. El niño, que se ha educado en la molicie y la indisciplina, se arruina debido a su buen carácter. Y entonces empiezan para él una serie de sufrimientos físicos, de pobreza y humillaciones a las que es muy sensible y contra las que no sabe luchar. Es la aspiración a llevar una vida moral contra la impotencia de la carne, que se ha acostumbrado a la abundancia, al lujo y a la ociosidad. Es una lucha inútil, una caída cada vez más baja: borracheras para olvidar, crimen, locura o suicidio.

Realmente, uno no puede ver sin estremecerse cómo se educa a algunos niños de nuestra sociedad. Solo el más malvado enemigo podría inculcarle con tanto ahínco a un niño las debilidades y los vicios que le inculcan sus propios padres, y en especial las madres. Si uno sabe ver lo que se hace en las almas de los mejores niños —destruidos con tanta diligencia por sus padres—, se horrorizará al observarlo, y aún más al observar sus consecuencias.

Los hábitos de la molicie son inculcados cuando la joven criatura aún no entiende su sentido moral. No solo se destruye el hábito de la abstinencia y el autocontrol, sino que esta capacidad queda completamente atrofiada —a la inversa de lo que se hacía con la educación espartana y en la antigüedad en general—. La persona no está acostumbrada al trabajo, a las condiciones de cualquier trabajo fructífero, a concentrarse, a esforzarse, a la entereza, a sentir pasión por lo que hace, a ser capaz de enmendar lo que ha hecho mal, a sentirse cansado y a alegrarse por el trabajo realizado; por el contrario, está acostumbrado a la holgazanería, a despreciar el desempeño de cualquier trabajo, a romper, tirar y comprar de nuevo con dinero todo cuanto le plazca, sin ni siquiera pensar cómo se produce ninguna de estas cosas. La persona ha perdido la capacidad de alcanzar la primera virtud, imprescindible para alcanzar todas las demás: la moderación, y es lanzada a un mundo en el que se predican —y aparentemente se valoran— las elevadas virtudes de la justicia, el servicio a los demás y el amor. Está bien si el joven tiene una naturaleza moralmente débil e insensible, es incapaz de sentir la diferencia entre una vida moral fingida y una auténtica, y es capaz de sentirse satisfecho ante el mal que impera en la vida. Si esto es así, en apariencia todo le irá bien y, con el sentido de la moralidad adormecido, ese joven en algunos casos podrá vivir tranquilamente hasta la tumba. Sin embargo, esto no pasa siempre así, sobre todo en los últimos tiempos, cuando vibra en el aire la conciencia de que una vida así es inmoral, una conciencia que penetra de forma sigilosa en los corazones. A menudo —cada vez más— sucede que en una persona se despiertan las exigencias de una moralidad auténtica, no fingida, y entonces se inicia en su interior una dolorosa lucha y unos sufrimientos que raramente terminan con un triunfo del sentimiento moral.

La persona siente que su vida es inmoral, que la debe cambiar desde la raíz, e intenta hacerlo; pero entonces la gente que ha pasado por esa misma batalla y no la ha superado ataca desde todos los flancos a esa persona que trata de cambiar su vida, e intenta por todos los medios de convencerle de que eso no es en absoluto necesario, que la bondad no depende de la abstinencia ni la abnegación y que, aunque uno se entregue a la gula, a la suntuosidad, a la ociosidad física e incluso a la lujuria se puede ser perfectamente bueno y útil. Y la lucha acaba, en general, con un resultado deplorable. O la persona atormentada por su debilidad se somete a esta voz general y ahoga su voz de la conciencia y retuerce su inteligencia para justificarse, y sigue llevando esa misma vida corrupta, asegurándose a sí mismo que la puede redimir con la fe en el cristianismo exterior o sirviendo a la ciencia y al arte; o bien lucha, sufre, se vuelve loco o se pega un tiro. Raramente sucede que, rodeada de tantas tentaciones, una persona de nuestra sociedad entienda qué es y qué era hace mil años una verdad elemental para todas las personas razonables: esto es, que para lograr llevar una vida moral antes de nada hay que dejar de vivir una vida inmoral, y que para alcanzar cualquier virtud superior antes que nada hay que alcanzar la virtud de la abstinencia o autocontrol —tal como lo llamaban los paganos—, o la abnegación —tal como la llaman los cristianos—, y que debe tratar de alcanzarla poco a poco y con todas sus fuerzas.

6

Acabo leer las cartas que uno de nuestros hombres avanzados y de vasta cultura de los años cuarenta, el exiliado Ogariov,* le escribió a Herzen, hombre de cultura aún más vasta y de gran talento. En estas cartas Ogariov expone sus pensamientos íntimos y aspiraciones más elevadas, y uno no puede dejar de ver que, como es propio de alguien joven, en parte está presumiendo ante su amigo. Habla del autoperfeccionamiento, de la amistad sagrada, del amor, del servicio a la ciencia, de la humanidad, etcétera. Y, de repente, escribe con un tono de lo más tranquilo que un amigo suyo con el que vive se suele enojar con él porque, según sus palabras: «Regreso [a casa] ebrio o paso largas horas con cierta mujer perdida, pero encantadora»... Es evidente que a este hombre de buen corazón, talentoso e instruido no se le ocurrió que pudiera haber algo censurable en que él, un hombre casado que espera un hijo (en la siguien-

---

* Nikolái Ogariov (1813-1877): poeta, periodista y activista político ruso, amigo de Herzen y fundador junto a él del famoso periódico *La Campana*. *(N. del T.)*

te carta escribe que su esposa ha dado a luz), vuelva a su casa borracho y se pase el tiempo con mujeres perdidas. Ni se le pasó por la cabeza que hasta que no empezara a luchar y no venciera —aunque fuera mínimamente— sus ganas de emborracharse y de vicio no podía hablar de amistad, de amor y aún menos de prestar ningún servicio. Y no solo no luchaba contra sus vicios, sino que, al parecer, los consideraba algo muy placentero que no entorpecía en absoluto su aspiración por perfeccionarse. Por ello, no se los ocultaba a su amigo —ante el que quería presentarse bajo la luz más favorecedora—, y directamente se jactaba de ellos.

Esto ocurría hace medio siglo. Llegué a conocer a hombres así. Conocí a los propios Ogariov y Herzen y a otros como ellos, educados en las mismas costumbres. En todos ellos había una falta asombrosa de consistencia en los asuntos de la vida. Tenían a un mismo tiempo deseos apasionados y sinceros de hacer el bien y una lascivia absolutamente desenfrenada, y les parecía que esto no interfería en llevar una vida moral ni en realizar sus buenas —e incluso grandes— acciones. Ponían harina sin amasar en un horno frío y creían que saldría pan. Cuando al llegar a la vejez se dieron cuenta de que el pan no salía, es decir, que su vida no había dado ningún resultado de bien, lo vieron como algo muy trágico.

La tragedia de una vida así es realmente terrible. Y esta tragedia, de igual modo que en los tiempos de Herzen, Ogariov y otros, es la misma para muchos de los llamados hombres avanzados de nuestro tiempo, que comparten sus mismos principios.

La persona se esfuerza en vivir una vida moral, pero el orden necesario para alcanzarla se ha perdido en la sociedad en la que vive. Igual que Ogariov y Herzen hace cincuenta años, la mayoría de las personas de hoy en día están convencidas de que vivir una vida de molicie, de comer dulces y grasas, de placeres y de satisfacer cualquier tipo de lascivia personal, no interfiere en llevar una vida moral. Pero, evidentemente, no logran llevarla, y entonces se entregan al pesimismo y dicen: «La situación del ser humano es trágica».

7

La idea errónea de que alguien puede entregarse al deseo desenfrenado y considerar esta vida de deseo algo bueno y, al mismo tiempo, llevar una vida moral, útil, justa y de amor es tan sorprendente que creo que las generaciones futuras serán incapaces de entender a qué se referían exactamente las personas de nuestro tiempo con las palabras «vida moral», cuando afirmaban que los glotones, los holgazanes y los lujuriosos pueden llevar una vida moral. En efecto, en cuanto uno deja —aunque solo sea un momento— de mirar de la manera acostumbrada nuestra vida y la observa —ya ni siquiera desde el punto de vista cristiano, sino desde el pagano, desde las exigencias más elementales de la justicia—, llega al convencimiento de que no tiene ningún sentido hablar de vida moral.

Cualquier persona de nuestra sociedad que quiera ya no empezar una vida moral, sino simplemente aproximarse un poco a ella, antes de nada deberá dejar de llevar su vida inmoral, deberá empezar a destruir esas condiciones de su vida inmoral que le rodean.

Con cuánta frecuencia oímos como justificación para no reformar nuestra vida inmoral ese argumento de que cualquier acto dirigido a cortar con tu vida habitual es antinatural, ridículo o responde al deseo de hacerte ver, y por ello no puede tratarse de una buena acción. Este razonamiento parece estar hecho para que nadie cambie nunca su vida inmoral. Porque si nuestra vida entera fuera buena, justa y moral, toda acción que obedeciera al modo habitual de vivir sería buena. Si la mitad de nuestra vida fuera buena y la otra mitad fuera mala, entonces toda acción que no obedeciera al modo habitual de vivir tendría las mismas probabilidades de ser buena o mala. Y si la vida es completamente mala y equivocada, entonces la persona que la vive no puede hacer ni una sola buena acción moral sin quebrantar su modo habitual de vivir. Puede hacer una mala acción sin quebrantarlo, pero no puede hacer ninguna buena.

Una persona acostumbrada a esta vida no puede llevar una vida moral sin antes salir de esas condiciones del mal que la rodean, no puede empezar a hacer el bien si no deja de hacer el mal. Una persona que lleva una vida de lujos no puede llevar una vida moral. Cualquier intento que haga por hacer el bien será inútil hasta que no cambie su vida, hasta que no haga la primera buena acción en el orden necesario. La vida moral, tanto desde la concepción pagana y aún más desde la cristiana, se mide —y no puede medirse de ningún otro modo— con la relación en su sentido matemático entre el amor hacia uno mismo y el amor hacia el prójimo. Cuanto menos amor hay hacia uno mismo —y por ello menos atenciones y trabajo exigimos a los demás para complacernos— y más amamos al prójimo —y por ello atendemos y trabajamos más para los demás—, más moral es nuestra vida.

Así entendían y entienden la vida moral los sabios del mundo y todos los auténticos cristianos, y así es como también la entiende la gente más sencilla. Una persona, cuanto más da al prójimo y menos exige para sí misma, mejor es; cuanto menos da al prójimo y más exige para sí misma, peor es.

Si cambiamos el centro de gravedad de una palanca desde el brazo largo hacia el corto, esto hará que el brazo largo no solo sea más largo, sino que el corto sea aún más corto. De modo que, si una persona que tiene la capacidad de amar aumenta este amor y atención hacia sí mismo, con ello disminuirá la posibilidad de amar y de atender al prójimo, no solo en la cantidad de amor que se ha dedicado a sí mismo, sino en una cantidad mucho mayor. En vez de alimentar al prójimo, la persona se come las sobras y con ello disminuye la posibilidad de dar estas sobras y, además, como consecuencia de la gula, se priva de la posibilidad de atender al prójimo.

Para que realmente —y no solo de palabra— uno pueda estar en la situación de amar al prójimo, deberá no amarse a sí mismo: y no solo de palabra, sino en la práctica. Normalmente sucede lo siguiente: pensamos que amamos al prójimo, se lo decimos a los demás y a nosotros mismos, pero en realidad al prójimo lo amamos solo de palabra, y a nosotros mismos en la práctica. Nos olvidamos de alimentar y acunar al prójimo, pero nunca a nosotros mismos. Y por ello, para amar verdaderamente al prójimo en la práctica, debemos aprender a olvidarnos de alimentarnos y acunarnos a nosotros mismos, del mismo modo que olvidamos hacerlo con el prójimo.

Decimos que alguien es «buena persona» y que «lleva una vida moral» cuando hablamos sobre personas acostumbradas a una vida de molicie y de lujos. Sin embargo, una persona así —hombre o mujer— puede tener el carácter más afable, dulce y benigno, pero no puede llevar una vida moral, del mismo modo que el mejor cuchillo de acero, si no está afilado, no puede ser punzante y cortar. Ser bueno y llevar una vida moral significa dar más al prójimo de lo que obtienes de él. Pero una persona acostumbrada a una vida de molicie y lujos no puede hacerlo; en primer lugar, porque él mismo siempre necesita mucho (y no por egoísmo, sino porque está acostumbrado a ello, y privarse de aquello a lo que está acostumbrado representa un sufrimiento); en segundo lugar, porque cuando disfruta de todo lo que obtiene del prójimo, esto le debilita, le priva de la posibilidad de trabajar, y, con ello, de servir al prójimo. Una persona perezosa, que duerme mucho y sobre blando, come grasas y dulces en cantidad, bebe, va bien abrigada y no ha aprendido lo que es el esfuerzo del trabajo podrá hacer muy poco.

Estamos tan acostumbrados a mentirnos a nosotros mismos y a los demás, nos resulta tan ventajoso no ver la mentira de los demás para que nadie vea la nuestra, que no nos sorprendemos en absoluto y no dudamos de si es justo hablar de la virtud —a veces incluso de la santidad— de personas que viven una vida completamente desenfrenada. Una persona —hom-

bre o mujer— duerme en una cama de muelles, con dos colchones, sábanas limpias y planchadas, fundas y almohadas de
plumón. Junto a la cama tiene una alfombrilla para no tener
frío al pisar el suelo, a pesar de que tiene los zapatos justo al
lado. También tiene los utensilios necesarios para no tener que
salir de casa. Las ventanas están cubiertas de cortinas para
que no le despierte la luz, y duerme hasta la hora que le place.
Además, se han tomado medidas para que en invierno esté caliente y en verano esté fresco, para que no le molesten el ruido,
las moscas ni otros insectos. Mientras duerme, ya le han preparado el agua caliente y fría para asearse, y, a veces, para ba-
ñarse o afeitarse. Le preparan té o café, bebidas excitantes que
toma inmediatamente después de levantarse. Tiene varios pa-
res de botas, zapatos y chanclos, y, aunque se los ensució el
día anterior, ya están tan limpios y brillantes como una patena,
y no tienen ni una mota de polvo. También le han limpiado la
ropa que llevó el día anterior, y no solo la tiene de invierno o
de verano, sino también de primavera, otoño, de tiempo llu-
vioso, húmedo y caluroso. Le han preparado la ropa blanca,
que está limpia, lavada, almidonada y planchada, con botones,
gemelos y lazos, que son supervisados por gente a su servicio.
Si la persona es activa, se levanta temprano, es decir, a las siete
—en total, dos o tres horas más tarde que aquellos que se lo han
preparado todo—. Además de la preparación de la ropa para
el día y la de cama, están las prendas y el calzado que utiliza-
rá mientras se vista —el batín y las zapatillas—; entonces le
persona va a lavarse, limpiarse y peinarse, para lo que utiliza

varios tipos de cepillo, jabones y gran cantidad de agua y jabón. (Muchos ingleses y mujeres, por algún motivo, están especialmente orgullosos de gastar mucho jabón y mucha agua.) A continuación, la persona se viste, se peina ante un espejo especial entre todos los que penden en casi todas las habitaciones, coge los objetos que le resultan imprescindibles —tales como gafas, quevedos o impertinentes—, después introduce en los bolsillos un pañuelo limpio para sonarse, un reloj con cadenita —a pesar de que en casi cada habitación ya hay un reloj—; coge dinero de distintas clases, monedas (a menudo en un aparato especial que le libera del trabajo de tener que buscar la moneda que necesita) y billetes, tarjetas en las que está impreso su nombre —lo que le libera del trabajo de tener que decirlo o escribirlo—; una libreta blanca y un lápiz. En el caso de la mujer, el proceso de vestirse es aún mucho más complicado: el corsé, el peinado, el cabello largo, el maquillaje, los cordoncitos, las cintitas, las horquillas, los imperdibles, los broches.

Ya está todo listo, y empieza el día con su habitual comida, se bebe su café o té preparados con gran cantidad de azúcar y come unos panecillos; el pan de primera calidad, de harina de trigo, con gran cantidad de manteca, a veces de cerdo. La mayoría de las veces los hombres además fuman cigarrillos emboquillados o puros y a continuación leen el periódico que les acaban de traer. Después viene el trayecto a pie de casa al trabajo o a hacer recados, o el viaje en carruajes que se han hecho expresamente para transportar a estas personas. Después el desayuno —compuesto por animales, pájaros o peces muertos—, y después una comida semejante —que, si es modesta, se compone de tres platos, postre y café—; después llega el momento de jugar a las cartas y de entretenerse con música, lectura o conversaciones sobre mullidos sillones de muelles bajo la luz reforzada o suavizada de velas, gas o electricidad; después, de nuevo el té, de nuevo a comer —toca la cena—, y de nuevo a la cama, preparada, ahuecada, con las sábanas limpias, y con el orinal, que también ha sido limpiado.

Así es el día de una persona con una vida modesta, de la que —si es de carácter dulce y no posee hábitos exclusivamente desagradables para el resto— dicen que lleva una vida moral.

Sin embargo, una vida moral es la vida de la persona que hace el bien a los demás; ¿cómo puede hacer el bien a los demás una persona que vive así y que está acostumbrada a vivir así? Antes de hacer el bien, debe dejar de hacer el mal al prójimo. Y considerad todo el mal que hace al prójimo —a menudo sin darse cuenta—, y veréis que está lejos de hacer el bien, y que tendrá que hacer muchas proezas para expiar todo el mal que ha hecho. Sin embargo, debilitada por su vida de molicie, esta persona no puede hacer ninguna clase de proeza. Podría dormir de un modo saludable —tanto física como moralmente— si se acostara en el suelo, sobre una capa —como dormía Marco Aurelio—, y con ello acabaría con las tareas relacionadas con colchones, muelles, almohadas de plumón, con el trabajo diario de las lavanderas —mujeres débiles, con sus debilidades femeninas, partos y la alimentación de los niños— con el aclarado de la ropa blanca: todo este trabajo podría dejar de existir. Esta persona podría acostarse antes y levantarse antes, y el trabajo relacionado con cortinas e iluminación por las noches también podrían dejar de existir. Podría dormir llevando la misma camisa que llevó durante el día, podría pisar el suelo descalzo, salir al patio y lavarse con el agua del pozo; en una palabra, podría vivir como todos aquellos que hacen todas estas tareas por él, y así todos estos trabajos dejarían de existir. También podría dejar de existir todo el trabajo relacionado con su ropa, su refinada alimentación y su diversión.

De modo que cómo una persona así va a hacer el bien a los demás y llevar una vida moral si no cambia su vida de molicie y lujos. Una persona moral —ya no digo un cristiano, sino simplemente alguien que profese el humanitarismo, o al menos la justicia— no puede desear cambiar su vida si no deja de utilizar los objetos de lujo que en ocasiones han sido fabricados en detrimento de otras personas.

Si alguien realmente siente lástima por las personas que manufacturan el tabaco, lo primero que hará sin pensar será dejar de fumar, porque si lo sigue haciendo y sigue comprando tabaco, estimula la manufacturación de este producto que destruye la salud de los trabajadores.

Pero la gente de nuestra sociedad no razona de este modo. Ingenian toda clase de astutas reflexiones, pero no la única que realmente se le ocurre a cualquier persona sencilla. Según su razonamiento, abstenerse de los objetos de lujo no es en absoluto necesario. Uno puede compadecerse de la situación de los trabajadores, pronunciar discursos y escribir libros a su favor y, al mismo tiempo, continuar aprovechándose de trabajos que consideramos que para ellos son destructivos.

Según este razonamiento, aprovecharse del trabajo destructivo de otras personas es posible porque si yo no lo hago, lo hará otro. Esto es lo mismo que el razonamiento según el cual debo beber alcohol —que es perjudicial para mí— porque ya está comprado, y si no me lo bebo yo, se lo beberá otro.

Según este razonamiento, aprovecharse del trabajo ajeno para satisfacer nuestros lujos es incluso muy útil para ellos, ya que les damos dinero, es decir, hacemos posible su subsistencia, como si no pudiéramos darles esta oportunidad de subsistir de ningún otro modo que no sea haciéndoles trabajar en cosas perjudiciales para ellos y superfluas para nosotros.

Todo esto sucede porque la gente ha creído que uno puede llevar una vida moral sin haber adquirido por orden el primer requisito necesario para toda vida moral.

Y el primer requisito es la abstinencia.

8

Nunca ha existido ni podrá existir una vida moral sin abstinencia. Sin la abstinencia cualquier vida moral es impensable. Cualquier logro de la vida moral ha de empezar necesariamente por esta.

Existe una escalera de la virtud, y se debe empezar por el primer peldaño para subir al siguiente; y la primera virtud que debe adquirir una persona si quiere llegar a la siguiente es lo que en la antigüedad llamaban ἐγκράτεια o σωφροσύνη: autocontrol o moderación.

Aunque en la doctrina cristiana la abstinencia venga incorporada en el concepto de la abnegación, el orden que se debe seguir continúa siendo el mismo, y no se puede alcanzar ninguna virtud cristiana sin la abstinencia: no porque alguien se haya inventado esta norma, sino porque ello está en su misma esencia.

La abstinencia es el primer peldaño de cualquier vida moral. Pero la abstinencia no es algo que se logre de golpe, sino paso a paso.

Para una persona, la abstinencia representa liberarse del deseo, subordinarlo a la moderación (σωφροσύνη). Pero los deseos de una persona son muchos y variados, y para que la lucha contra ellos tenga éxito, se debe empezar por los fundamentales: aquellos que generan otros, más complejos. No se debe empezar nunca por los complejos, que derivan de los fundamentales. Porque existen, por un lado, los vicios complejos, como el de adornarse el cuerpo, el del juego, divertirse, parlotear, curiosear y muchos otros. Y están, por otro, los vicios fundamentales: la gula, la pereza y el amor carnal. Cuando se lucha contra los vicios, no se puede empezar por el final, por los complejos: hay que empezar por los fundamentales y en un orden determinado. Este orden obedece tanto a la naturaleza misma de la cuestión como a la tradición de la sabiduría humana.

Una persona que come demasiado es incapaz de luchar contra la pereza, y una persona que come demasiado y que es perezosa nunca tendrá fuerzas para luchar contra el vicio carnal. Por ello, para todas las doctrinas, la aspiración por lograr la abstinencia empezó con la lucha contra la gula; es decir, con el ayuno. Sin embargo, hace tanto tiempo que en nuestra sociedad se ha perdido cualquier actitud seria hacia la consecución de una vida moral que la primera virtud de todas —la abstinencia, sin la cual las demás virtudes son imposibles de alcanzar— se considera innecesaria, se ha perdido. Asimismo, se ha perdido la progresión necesaria para adquirir esta primera virtud, y muchos han olvidado el ayuno y han decidido que se trata de una superstición absurda y totalmente innecesaria.

Y así como la primera condición para cualquier vida moral es la abstinencia, la primera condición para la abstinencia es el ayuno.

Uno puede desear ser moral y soñar con el bien sin ayunar; pero, realmente, ser moral sin ayunar es tan imposible como caminar sin ponerse de pie.

El ayuno es una condición imprescindible para toda vida moral. La gula siempre ha sido y es el primer síntoma de lo contrario, de una vida inmoral, y, por desgracia, este síntoma se puede aplicar en gran medida a la vida de la mayoría de las personas de nuestro tiempo.

Fijaos en los rostros y en la constitución física de las personas de nuestro círculo: a muchas de ellas les cuelgan papadas y carrillos, tienen miembros obesos y barrigas abultadas, y en ello se percibe el sello indeleble de una vida de desenfreno. Y no podría ser de otro modo. Observad nuestra vida, lo que mueve a la mayoría de las personas de nuestra sociedad; preguntaos cuál es el interés principal de la mayoría. Y por muy extraño que nos pueda parecer, acostumbrados a ocultar nuestros auténticos intereses y a mostrar los falsos y artificiales, hoy en día el interés principal de la vida de la mayoría de la gente es el placer del sabor, el placer de la comida: la glotonería. Desde las clases más pobres hasta las capas más altas de la sociedad, la voracidad es, a mi parecer, el objetivo principal, el placer principal de nuestra vida. El pueblo humilde y trabajador constituye una excepción solo porque la pura necesidad hace imposible que se pueda entregar a esta pasión. Pero en cuanto tiene tiempo y medios para ello, el pueblo, imitando a las clases altas, adquiere lo más delicioso, lo más dulce, y come y bebe a más no poder. Y cuanto más come, no solo más feliz se considera, sino también más fuerte y saludable. Y esta convicción es compartida por las personas instruidas, que justamente perciben así la comida. Las clases instruidas perciben que la felicidad y la salud están en disfrutar de una comida sabrosa, nutritiva y de fácil digestión (algo que les aseguran sus médicos, que afirman que la comida más cara —la carne— es la más saludable). Pero tratan de ocultarlo.

Mirad la vida de estas personas, escuchad sus conversaciones. Qué materias tan elevadas parecen interesarles: la filosofía, la ciencia, el arte, la poesía, el reparto de la riqueza, el bienestar del pueblo, la educación de los jóvenes; pero todo esto para la gran mayoría es una mentira: solo les interesa cuando no se dedican a su actividad principal, a su actividad verdadera: les interesa entre el desayuno y la comida, cuando el estómago está lleno y ya no pueden comer más. Porque el único interés real y auténtico de la mayoría —tanto de hombres como de mujeres— es la comida, sobre todo pasada la primera juventud: ¿cómo comer? ¿Qué comer? ¿Cuándo? ¿Dónde?

No hay ni una sola fiesta, celebración, consagración o inauguración, sea cual sea, que se celebre sin una comida.

Fijaos en la gente que viaja. En su caso esto es especialmente evidente: «El museo, las bibliotecas, el parlamento, ¡qué interesante! Pero ¿dónde comemos? ¿Dónde nos darán mejor de comer?». O fijaos cómo se reúnen para comer: engalanados, perfumados, sentados en una mesa decorada con flores, frotándose alegremente las manos y sonriendo. Si pudiéramos penetrar en sus corazones, ¿qué es lo que la mayoría de ellos más anhela? Encontraremos ansias de desayunar, ansias de comer. ¿Cuál es el castigo más severo que se nos impone desde la infancia? Castigarnos a pan y agua. De todos los sirvientes, ¿cuál es el mejor pagado? El cocinero. ¿Cuál es el interés principal del ama de casa? ¿Cuál es en la mayoría de los casos el tema de conversación entre las amas de casa de clase media? Y si la conversación de las clases altas no trata de eso, no es porque sean más cultos y tengan intereses más elevados, sino simplemente porque tienen a un ama de llaves o a un mayordomo que se ocupan de eso y que se encargan de su comida. Pero privadles de esta comodidad y ya veréis cuál será su principal preocupación. Todo se reduce a cuestiones sobre la comida: el precio de los urogallos, las mejores maneras de preparar café, de hacer pastelillos dulces, etcétera. Las personas se reúnen, sea cual sea la ocasión —un bautizo, entierro, boda, consagración de una iglesia, despedida, recibimiento, celebración de un día memorable, de una muerte, del nacimiento de un gran científico, un pensador o maestro de moralidad—, se reúnen aparentemente por intereses de lo más elevado. Esto es lo que dicen, pero solo están fingiendo: todos ellos saben que lo que los ha reunido, lo principal, es la comida —una comida sabrosa— y la bebida. Con este objetivo, varios días antes alguien ha matado y degollado a animales, ha cargado cestos con alimentos desde las tiendas de comestibles, y tanto los cocineros como sus ayu-

dantes —niños que hacen de pinches y sirvientes, vestidos de
un modo especial, con delantales limpios y almidonados, y go-
rros— han estado «trabajando». Han trabajado chefs que ganan
quinientos rublos o más al mes dando órdenes. Los cocineros
han cortado, amasado, lavado, colocado y adornado comida.
Con idéntica solemnidad y seriedad ha trabajado el jefe de servicio, que ha contado, reflexionado y calculado con la mirada,
como un artista. Un jardinero ha trabajado en la preparación
de las flores. Las criadas han fregado... Ha trabajado un ejér-
cito de personas, se han consumido miles de días de trabajo, y
todo para que una gente se reúna para hablar de un gran maestro de la ciencia o de la moralidad, para recordar a un amigo
fallecido o para felicitar a unos jóvenes recién casados que ini-
cian una nueva etapa de su vida.

En las clases bajas y medias se percibe claramente que cualquier fiesta, entierro y boda equivale a glotonería. Así es como
lo entienden. La glotonería sustituye hasta tal punto el motivo
mismo de la reunión que en griego y en francés «boda» y «festín» significan lo mismo. Pero en las clases altas, entre la gente refinada, se usa mucho arte para ocultar esto y para hacer
ver que la comida es algo secundario, algo simplemente necesario por el decoro. Y pueden pensarlo tranquilamente porque
casi todos ellos están siempre saciados, en el sentido auténtico
de la palabra: nunca llegan a tener hambre. Fingen que la comida es simplemente algo necesario, incluso una carga; pero
es mentira. Si en vez de los platos refinados que esperan les
dierais ya ni siquiera pan y agua, sino gachas y sopa de fideos,

veríais qué escándalo armarían, y cómo la verdad saldría a re-
lucir: que cuando se reúnen su interés principal no es el que
dicen, sino la comida.

Observad qué vende la gente, pasead por la ciudad y fijaos
en su mercancía: ropajes y objetos para satisfacer la gula. Y es
que esto debe ser así y no podría ser de otro modo, porque únicamente es posible dejar de pensar en la comida y tener el desenfreno bajo control cuando la persona solo come por necesidad. Pero si una persona no deja de comer cuando ha cubierto
la necesidad —es decir, cuando tiene el estómago lleno—, entonces no puede ser de otro modo. Si alguien le ha cogido el
gusto al placer de la comida, si se ha permitido amar este placer
y lo considera algo bueno (como les ocurre a casi todas las personas de nuestro tiempo, también a las instruidas, aunque fin-
jan lo contrario), entonces el aumento de este placer no tendrá
límites: no hay ningún límite que impida que este placer deje
de crecer. La satisfacción de las necesidades tiene límites, pero
el placer no los tiene. Para satisfacer la necesidad es suficiente con comer pan, gachas o arroz; en cambio, para aumentar el
placer, los condimentos y los aderezos son ilimitados.

El pan es un alimento imprescindible y suficiente (la prueba de ello son los millones de personas vigorosas, ágiles y saludables que trabajan solo a base de pan). Pero, claro, es mejor
comerlo con algún condimento. Se puede empapar el pan en
un agua en la que se ha hervido carne. Pero aún mejor es aña-
dirle a esta agua algún vegetal. Y aún mejor si los vegetales
son variados. Además, podemos comernos la carne. Pero, claro,

la carne sabe mejor asada, no cocida. Y sabe aún mejor bañada en mantequilla, poco hecha y en su sangre, y si es de ciertas partes del animal. A esto le añadimos más verduras y mostaza. Y todo ello lo acompañamos de vino, mejor si es tinto. Uno ya no tiene hambre, pero puede comerse un pescado si está sazonado con alguna salsa. Y lo acompaña con vino blanco. Podría parecer que ya no hay nada más graso y sabroso. Pero aún hay más: se puede comer algo dulce —en verano, helado; en invierno, zumos de fruta cocida, mermelada, etcétera—. Y esto es una comida, una comida sencilla. El placer de esta comida puede aumentar aún más, mucho más. Y así se hace, y no tiene límites: comemos algo para picar, para despertar el apetito, *entremets*, postres, y distintas combinaciones de cosas deliciosas, todo ello acompañado de flores, adornos y música durante la comida.

Y lo sorprendente es que la gente que cada día se atiborra con comilonas así —comparado con estas, el festín de Baltasar, que provocó la profética amenaza, no fue nada— está ingenuamente convencida de que, de todos modos, puede llevar una vida moral.

9

El ayuno es una condición imprescindible para llevar una vida moral; pero tanto en el ayuno como en la abstinencia surge la pregunta de cómo empezar a ayunar: ¿con qué frecuencia se debe comer? ¿Qué se debe comer? ¿Qué no se debe comer? Y, del mismo modo que no podemos emprender ninguna tarea seriamente si no seguimos un orden determinado, tampoco podemos ayunar si no sabemos cómo empezar la abstinencia de alimentos.

El ayuno. ¿Encima hay que plantearse cómo empezar a ayunar? A la mayoría de las personas esta idea les parece ridícula, salvaje.

Recuerdo lo orgulloso que estaba de su originalidad un predicador evangelista que, para atacar el ascetismo monástico, me dijo: «Mi cristianismo no se basa en el ayuno ni en las privaciones, sino en los bistecs». ¡El cristianismo y la virtud puestos al mismo nivel que el bistec!

En nuestra vida han arraigado tantas cosas salvajes e inmorales, especialmente en el nivel inferior del primer paso hacia una vida moral —la actitud hacia la comida, a la que pocos han prestado atención— que hasta nos resulta difícil comprender lo insolente e insano que resulta afirmar tal cosa sobre el cristianismo, las virtudes y el bistec.

Si no nos horrorizamos ante tal afirmación, es solo porque en nosotros se ha producido algo insólito: miramos sin ver y escuchamos sin oír. No hay hedor al que las personas no se acostumbren, no hay sonido al que no presten atención, no hay monstruosidad que no observen con interés; de modo que ya no nos damos cuenta de que estas cosas puedan chocar a alguien que no esté acostumbrado. Y lo mismo sucede en la esfera de lo moral. ¡Cristianismo, moralidad y bistecs!

Hace unos días estuve en el matadero de Tula, nuestra ciudad. Este matadero ha sido construido siguiendo un sistema nuevo y perfeccionado —igual que en las grandes ciudades— para que los animales que son sacrificados sufran lo menos posible. Fui un viernes, dos días antes del Domingo de Trinidad. Había muchas reses.

Hace tiempo, cuando leí el excelente libro *The Ethics of Diet*, ya había querido visitar un matadero para ver con mis propios ojos de qué se está hablando cuando se trata el tema del vegetarianismo. Pero sentía incomodidad, como siempre sucede cuando uno sabe que va a presenciar unos sufrimientos que no podrá detener. Y pospuse aquella visita una y otra vez.

Pero hace poco me encontré en la carretera con un matarife que volvía de su casa a Tula. Como aún no es muy hábil en el oficio, su tarea consiste en clavarle el cuchillo a las reses. Le pregunté si no le daba lástima matar animales. Y me contestó como siempre te responden a esto: «¿Por qué voy a sentir lástima? Hay que hacerlo». Pero cuando le dije que no hace falta alimentarse de carne, estuvo de acuerdo conmigo, y entonces también convino conmigo en que le daba lástima. «Pero ¿qué le vamos a hacer? Hay que alimentarse —dijo—. Antes me *daba miedo* matar. Mi padre no mató en toda su vida a una sola gallina.» La mayoría de los rusos se sienten incapaces de matar, les da lástima, y expresan este sentimiento con la expresión «dar miedo». Él también sentía miedo, pero dejó de sentirlo. Me explicó que los viernes es cuando más trabajo tienen, y que este se prolonga hasta la noche.

Hace poco hablé con un soldado matarife, y también él se sorprendió de que dijera que es una lástima matar. Como es habitual, replicó que así son las cosas, pero al final me dio la razón: «Sobre todo cuando el animal es manso y está domesticado. El pobrecito confía en ti. ¡Da muchísima pena!».

Una vez que volvíamos a pie desde Moscú, unos carreteros que venían de Serpújov y que se dirigían al bosque de un mercader a por leña, se ofrecieron a llevarnos. Era jueves santo. Yo me senté en el primer carro junto al carretero, un campesino fuerte y tosco, con la cara roja, que era evidente que bebía mucho. Al llegar a un pueblo vimos que, en un extremo, sacaban de un patio a un cerdo a rastras. Cebado, desnudo y de piel rosácea, iban a matarlo. Chillaba con desesperación, parecía un grito humano. Justo cuando pasábamos por delante, empezaron a degollarlo: un hombre le rajó la garganta con un cuchillo. El cerdo chilló aún más fuerte, con una voz aún más estridente, pero logró zafarse y salió corriendo, bañado en su sangre. Como soy miope y no veo con detalle, solo pude distinguir el cuerpo del cerdo, rosado como el de una persona, y oír sus chillidos desesperados. Sin embargo, el carretero sí lo vio todo y no apartó de allí la mirada. Atraparon al cerdo, lo derribaron y acabaron de degollarlo. Cuando los chillidos cesaron, el carretero suspiró pesadamente y dijo: «¿Es posible que nadie responda por esto?».

Así de fuerte es la aversión que la gente siente ante cualquier asesinato, pero gracias al ejemplo, a la avidez humana, a la afirmación de que Dios lo permite, y, sobre todo, a la costumbre, la gente se olvida completamente de este sentimiento natural en nosotros.

Así pues, el viernes fui a Tula. Me encontré con un conocido, un hombre dócil y bueno, y le invité a ir conmigo.

—Sí, me han dicho que tienen unas buenas instalaciones. Quiero verlas, pero si están matando, no entraré —me dijo.

—¿Por qué? ¡Eso es justamente lo que quiero ver! Si comemos carne, es necesario matar.

—No, yo no puedo verlo.

Cabe destacar que este hombre es cazador, por lo que mata pájaros y otros animales.

Llegamos. Ya cerca del acceso empezamos a percibir un olor intenso, repulsivo y putrefacto, como de cola de carpintero o pintura encolada. Cuanto más avanzábamos, más fuerte era el hedor.

El edificio era de ladrillo rojo, muy grande, y tenía bóvedas y chimeneas altas. Entramos por la puerta cochera. A la derecha había un gran patio cercado, de un cuarto de *desiatina*:* se trataba de la plazoleta a la que dos veces por semana llevan el ganado para venderlo. En un extremo se alzaba la casita del portero y a la izquierda estaban las cámaras —así es como las llaman—: unas naves con puertas esféricas que tienen el suelo curvo y asfaltado, así como utensilios para colgar y mover las reses muertas. Junto a la pared derecha de la casita había unos cinco matarifes sentados en un banco con los delantales llenos de sangre, las mangas arremangadas y salpicadas, y los brazos musculados. Habían acabado de trabajar media hora antes, de modo que aquel día solo pudimos ver las cámaras vacías. A pesar de que las puertas de las cámaras estaban abiertas en ambos extremos, salía un fuerte olor a sangre caliente, el suelo estaba lustroso y teñido de color castaño oscuro, y las hendiduras estaban cubiertas de sangre negra y espesa.

Uno de los matarifes nos contó cómo mataban, y nos enseñó el lugar donde lo hacían. No acabé de entender el proceso, y me hice una idea falsa, aunque terrible, de cómo sería. Y pensé —como suele suceder— que la realidad me causaría una impresión menos fuerte que mi imaginación. Pero me equivocaba.

La siguiente vez que fui al matadero llegué a la hora justa. Era un día caluroso de junio, el viernes anterior a Pentecostés.

---

* Antigua medida rusa equivalente a 1,09 hectáreas. *(N. del T.)*

Aquella mañana el olor a pegamento y sangre era aún más intenso que en mi primera visita. La actividad bullía: la polvorienta plazoleta estaba repleta de reses, a las que empujaban hacia los rediles de las cámaras.

En la calle, junto al acceso, había carros con toros, terneras y vacas atados a sus pértigas y lanzas. Llegaban más carros tirados por buenos caballos; estaban repletos de terneros vivos amontonados, que agitaban sus cabezas caídas y eran descargados. Otros carros se alejaban del matadero; llevaban canales de toro con las patas sobresaliendo y balanceándose, y cabezas, pulmones de un rojo brillante e hígados pardos. Los caballos de silla de los pastores descansaban al lado de la valla. Estos pastores mercaderes, en sus largas levitas, armados con fustas y látigos, se paseaban por el patio o marcaban con brea el ganado de uno u otro propietario, regateaban o dirigían el traslado de los bueyes y toros de la plazoleta a los rediles, desde donde el ganado era introducido en las cámaras. Era evidente que aquellos hombres estaban tan absortos en sus cálculos y transacciones monetarias que la idea de si matar a aquellos animales estaba bien o mal les quedaba tan lejos como la idea de cuál es la composición química de la sangre que inundaba el suelo de las cámaras.

No se veía a ningún matarife en el patio: estaban todos trabajando en las cámaras. Aquel día mataron a cien toros. Entré en una cámara y me detuve en la puerta. Me detuve allí porque había tal cantidad de canales que no quedaba sitio, porque la sangre chorreaba desde arriba y goteaba, y todos los matarifes estaban empapados de esa sangre: si hubiera avanzado hasta el medio, también me habría empapado. Estaban descolgando una canal, moviendo otra hasta la puerta, y un matarife le arrancaba con puño firme la piel a una tercera (era un buey muerto que tenía las patas blancas hacia arriba).

Al mismo tiempo, por la puerta opuesta junto a la que yo estaba, introducían a un buey grande, rojizo, bien alimentado. Dos hombres tiraban de él. Cuando apenas había entrado, vi cómo un matarife alzaba un cuchillo sobre su pescuezo y se lo clavaba. El buey, como si le hubieran golpeado las cuatro patas a la vez, cayó estrepitosamente sobre su panza, volteó sobre un costado y empezó a dar sacudidas con las patas y la grupa. Inmediatamente, el matarife se abalanzó sobre la parte delantera del buey desde el lado opuesto a sus patas, que daban sacudidas, le agarró por los cuernos y le apretó la cabeza contra el suelo; otro matarife le rajó el cuello con un cuchillo y, por debajo de la cabeza, empezó a brotar a chorro una sangre de color negro rojizo. Entonces un niño empapado en sangre colocó debajo una vasija de hojalata. Durante todo aquel proceso el buey sacudía la cabeza sin parar, como tratando de levantarse, y daba coces en el aire con las cuatro patas. La vasija se llenó rápidamente, pero el buey seguía con vida y, agitándose pesadamente sobre la panza, daba coces con las patas traseras y delanteras, de modo que los matarifes se tenían que hacer a un lado. Cuando la vasija se llenó, el niño la cargó sobre su cabeza y la llevó hasta la fábrica de albúmina, mientras otro niño colocaba una segunda vasija que también empezó a lle-

narse. El buey seguía agitándose sobre la panza y dando sacudidas con las patas traseras. Cuando la sangre dejó de correr,
un matarife le levantó la cabeza y empezó a arrancarle la piel.
El buey aún seguía coceando. La cabeza despellejada se volvió roja, con las venas blancas, y se quedó en la posición que
le dieron los matarifes, con la piel colgando por ambos lados.
El buey seguía estremeciéndose. Entonces otro matarife lo cogió de una pata, se la partió y se la cortó. Tanto la panza como
el resto de las patas seguían convulsionándose. Le cortaron las
demás patas y las lanzaron al mismo montón al que tiraban
todas las patas de los bueyes de un mismo ganadero. Finalmente arrastraron al animal hasta la polea, lo colgaron, y allí ya
dejó de moverse.

Desde la puerta vi aquello con un segundo, tercer y cuarto buey. Con todos se repetía lo mismo: el mismo proceso de
cortar la cabeza con la lengua mordida, y el cuerpo convulsionándose. La única diferencia era que el matarife no siempre
acertaba enseguida el punto que derribaba al buey. A veces
fallaba, y entonces el animal se levantaba, bramaba y, bañado
en sangre, intentaba escapar. Pero entonces lo dominaban con
una vara, le volvían a golpear y finalmente caía.

Después me coloqué en la puerta opuesta, por donde los introducían. Desde allí vi lo mismo, pero a menos distancia y
con mayor claridad. Y presencié algo importante que no había
podido ver desde la primera puerta: cómo obligaban a entrar a
los bueyes. Cada vez que sacaban a uno del cerco, tiraban de
él con una cuerda atada a los cuernos; sin embargo, el animal

se resistía al oler la sangre, y algunas veces empezaba bramar y a recular. Como era imposible arrastrarlo entre dos hombres, uno de los matarifes se colocaba detrás del buey, lo agarraba por la cola y se la retorcía hasta que le rompía una vértebra. Los cartílagos crujían y el buey avanzaba.

Cuando acabaron con los bueyes de un ganadero, empezaron con los de otro. El primer animal de esta nueva partida no era un buey, sino un toro de raza, bello, negro, con manchas blancas y las patas del mismo color; era joven, musculoso y enérgico. Tiraron de él, pero agachó la cabeza y se resistió con tesón. Un matarife se colocó detrás de él y, como un maquinista que tira del pito de una locomotora, lo agarró por la cola, se la retorció hasta que le crujieron los cartílagos y el toro salió disparado hacia delante; tumbó a los hombres que lo arrastraban con la cuerda, y, con los ojos inyectados en sangre, se volvió a detener. Pero la cola le volvió a crujir, el toro se abalanzó hacia delante y ya lo tenían donde querían. El matarife se le acercó, hizo puntería y le golpeó. Pero no acertó donde debía. El toro dio un salto, empezó a sacudir la cabeza y a bramar y, bañado en sangre, logró soltarse y se precipitó hacia detrás. Todos se echaron a un lado. Pero los matarifes, acostumbrados, con una gallardía forjada por el peligro, agarraron la cuerda con fuerza, le volvieron a retorcer la cola, y el toro volvió a entrar en la cámara, donde lo lograron dominar con una vara de la que ya no pudo zafarse. El matarife apuntó con destreza en la zona donde el pelo hace una forma de estrella y, a pesar de la sangre, la encontró y descargó un golpe. Aquel animal, tan bello y lleno de vida, se derrumbó y no dejó de sacudir la cabeza y las patas mientras dejaban que corriera su sangre y le desollaban la cabeza.

—¡Será posible! ¡Este maldito ni siquiera ha caído donde debía! —gruñó un matarife mientras le cortaba la piel de la cabeza.

Al cabo de cinco minutos la cabeza ya no tenía piel; ahora era roja y no negra, con los ojos inmóviles y vidriosos, aunque del mismo color con el que habían brillado cinco minutos antes.

A continuación me dirigí a la parte donde matan al ganado de poco tamaño. Se trataba de una cámara muy grande y alargada con el suelo de asfalto y mesas con respaldo, en las que mataban a ovejas y terneros. Allí ya habían acabado de trabajar; en la larga cámara, impregnada de olor a sangre, había solo dos matarifes. Uno de ellos inflaba la pata de un carnero ya muerto y repiqueteaba con la palma de la mano sobre su vientre hinchado; otro, un muchacho que llevaba un delantal salpicado de sangre, fumaba un cigarrillo doblado y emboquillado. No había nadie más en aquella cámara lúgubre, larga e impregnada de aquel fuerte olor. Detrás de mí entró un hombre con aspecto de soldado retirado. Llevaba a un carnerillo de un día con las patas atadas; era negro y tenía una mancha en el cuello. Lo colocó sobre una de las mesas, igual que sobre una cama. El soldado, al que evidentemente conocían, los saludó y les preguntó cuándo los dejaría marchar el jefe. El muchacho del cigarrillo se acercó con un cuchillo, lo enderezó sobre un extremo de la mesa y le respondió que cuando fuera fiesta. El carnerillo vivo estaba estirado, tan quieto como un muerto hinchado; solo se agitaba su corta colita, que meneaba rápidamente, y sus costados, que se movían con más rapidez de lo habitual. El soldado le agarró suavemente por la cabeza levantada, casi sin hacer esfuerzo, y el muchacho, sin dejar de hablar, se la cogió con la mano izquierda y le rajó el cuello. El carnero empezó a convulsionarse, tensó la colita y la dejó de menear. El muchacho, mientras esperaba a que se desangrara, se volvió a encender el cigarrillo porque se le había apagado. La sangre corrió y el carnero se retorció. La conversación continuó como si nada, sin interrumpirse ni un solo instante.

Y ¿qué decir de las gallinas y pollos que diariamente, en miles de cocinas, saltan de manera tan cómica como terrible, batiendo las alas, con la voz desgarrada y bañados en sangre? Entonces ves a una señora dulce y refinada devorando los cadáveres de esos animales, absolutamente convencida de que hace lo correcto cuando afirma dos tesis que se excluyen mutuamente: la primera, que está tan delicada que no puede llevar una dieta únicamente vegetariana y que su débil organismo necesita la carne —tal y como le asegura su médico—; y la segunda, que es tan sensible que es incapaz de hacer sufrir a ningún animal e incluso de presenciar su sufrimiento. En realidad, si esta pobre señora se siente débil es justamente porque le han enseñado a alimentarse de algo impropio para las personas; encima, nunca va a poder dejar de hacer sufrir a los animales, simplemente porque se los come.

10

No podemos fingir que no sabemos todo esto. Como no somos avestruces, no podemos creer que si no miramos no sucederá lo que no queremos ver. Sobre todo cuando lo que no queremos ver es lo que comemos. Y, algo crucial: ¡si al menos fuera imprescindible! Admitamos que no lo sea, ¿sirve por lo menos de algo? De nada.[1] Tan solo para fomentar en nosotros la brutalidad, reforzar el deseo, el desenfreno y la ebriedad.

Esto queda confirmado continuamente por el hecho de que las personas jóvenes, buenas y puras, especialmente las mujeres y las muchachas, sienten —sin saber que una cosa emana de otra— que la virtud es incompatible con el bistec, y en cuanto desean ser buenas personas, dejan de comer carne.

---

1. Aquellos que duden de esto, que lean los numerosos libros escritos por científicos y médicos sobre esta materia, en los que se demuestra que la carne no es necesaria para la alimentación humana. Y que no escuchen a aquellos médicos anticuados que defienden la necesidad de alimentarse con carne solo porque esto es lo han afirmado desde siempre sus antecesores y ellos mismos; lo defienden con obstinación, malevolencia, del mismo modo que defienden siempre todo lo viejo y caduco. *(N. del A.)*

¿Qué quiero decir con esto? ¿Que para que una persona sea moral debe dejar de comer carne? En absoluto. Lo único que quiero decir es que para llevar una vida moral es imprescindible un orden determinado de acciones morales; que si una persona aspira en serio a llevar una vida moral, deberá seguir inevitablemente un orden determinado. Y que en este orden la primera virtud sobre la que trabajará será la abstinencia, el autocontrol. Y para lograr este autocontrol, también seguirá inevitablemente un orden determinado, que empezará por la abstinencia en la comida: el ayuno. Y, si la persona desea seria y sinceramente llevar una vida moral, de lo primero que se abstendrá es de comer animales, porque —ya sin entrar en cómo esta alimentación excita las pasiones— su uso es directamente inmoral: exige el asesinato y es un acto contrario a nuestra moralidad que nace solo de la avidez y del deseo de glotonería.

El motivo por el que al hablar del ayuno y de la vida moral lo primero sea abstenerse de comer animales ha sido expresado perfectamente, y no por una sola persona, sino por la humanidad entera a través de sus mejores representantes durante toda la vida consciente de la propia humanidad. «Pero ¿por qué, si la humanidad sabe hace tanto tiempo que es ilegítimo —es decir, inmoral— alimentarse de animales, hasta hoy en día la gente no ha llegado a ser consciente de esta ley?», preguntará quien se guíe no tanto por su propio raciocinio como por la opinión pública. La respuesta a esta pregunta está en que todo avance moral de la humanidad —que constituye la base de cualquier avance— es lento por definición; pero no es casual que lo que caracterice a este movimiento sea que es imparable y cada vez se acelera más.

Así es el avance del vegetarianismo. Este avance está expresado en el pensamiento de lo que se ha escrito sobre esta cuestión y en la vida misma de la humanidad, que, inconscientemente, pasa poco a poco de la dieta carnívora a la vegetariana; y, conscientemente, en la especial fuerza del movimiento vegetariano, que está tomando unas proporciones cada vez mayores.

En la última década este movimiento no ha dejado de acelerarse: cada año aparecen más libros y revistas sobre esta materia; cada vez te encuentras a más personas que rechazan alimentarse de animales; y, en el extranjero, sobre todo en Alemania, Inglaterra y América, cada vez aumenta más el número de hoteles y restaurantes vegetarianos.

Este movimiento debe ser un motivo de especial alegría para aquellas personas que aspiran que se establezca el reino de Dios en la tierra, no porque el vegetarianismo en sí sea un paso importante hacia este reino (los auténticos pasos son tanto importantes como no importantes), sino porque sirve como señal de que la aspiración de perfeccionamiento moral de una persona es seria y sincera, ya que está siguiendo el orden invariable necesario, que empieza por el primer peldaño.

Uno no puede dejar de alegrarse de esto, del mismo modo que no pueden dejar de alegrarse unas personas que desean llegar a lo alto de una casa y han intentado trepar en vano y sin orden por todas las paredes cuando, finalmente, ponen el pie sobre el primer peldaño de la escalera y se agolpan junto a este, porque saben que no existe ningún otro camino para llegar arriba que no sea este primer peldaño de la escalera.

Otros escritos de Tolstói

No matarás

«No matarás.» Pero ¿cómo es posible no matar cuando el asesinato puede ser necesario para salvar tu propia vida y también la vida de los demás, la de tus seres queridos y la de la gente en general? No solo eso, ¿cómo es posible no matar a fieras salvajes e incluso a animales inofensivos cuando la muerte es necesaria para mantener la vida de la gente? Y no solo eso, ¿acaso es posible no matar serpientes, ratas, ratones y toda clase de reptiles e insectos? Es imposible dar un paso sin destruir la vida de algún ser vivo. Por lo tanto, la alimentación vegetariana es una fantasía que carece de todo fundamento.

Esto es algo que se dice muy a menudo, pero, ¡cosa curiosa!, precisamente no hay ningún argumento que muestre mejor cuán justo es y cómo nos obliga moralmente el mandamiento «No matarás». Es totalmente cierto que puede ser difícil evitar matar reptiles y es totalmente imposible no destruir la vida de los insectos. Todo esto es cierto, pero la cuestión es que el objetivo de cualquier trabajo moral no consiste ni mucho menos en alcanzar la perfección absoluta, sino en el perfeccionamiento, es decir, en acercarnos más y más a la perfección. La perfección absoluta solo es propia de Dios, lo propio del ser humano es simplemente acercarse a esta perfección. Por ello, el razonamiento de que, como nunca vamos a poder liberarnos de la necesidad de matar, el mandamiento «no matarás» no puede constituir una directriz moral, es un engaño o un grave error. Al realizar cualquier trabajo moral sucede lo mismo que al seguir este mandamiento; «no matarás» no consiste en alcanzar la perfección absoluta, sino únicamente en acercarnos a ella todo lo que podamos: matar a cuantos menos seres vivos podamos. Por supuesto, ante todo no debemos matar a personas, después a seres próximos al ser humano, después a los no próximos, que nos despiertan un vivo sentimiento de compasión, y finalmente a insectos e incluso a plantas.

Cuanto más ascienda una persona por esta escalera de la compasión hacia los demás seres, mejor será para estos seres y para la persona.

LEV TOLSTÓI
Yásnaia Poliana, 17 de enero de 1910

El lobo (cuento)

Había una vez un niño al que le gustaba mucho comer pollo y que tenía mucho miedo a los lobos.

Una noche el niño se metió en la cama y se durmió. Y esto es lo que soñó: iba solo por el bosque buscando setas, cuando de repente salió un lobo de un matorral y se abalanzó sobre él.

El niño se asustó y gritó:

—¡Ay, ay, me quiere comer!

El lobo le dijo:

—Espera, no te voy a comer: solo quiero hablar contigo.

Y se puso a hablar con voz humana.

—Tienes miedo de que te coma. Pero ¿y tú?, ¿qué es lo que haces? ¿Te gusta el pollo? —dijo el lobo.

—Sí.

—¿Y por qué te lo comes? Los pollos están tan vivos como tú. Ve a ver cómo cada mañana los atrapan, el cocinero los mete en la cocina y les corta el cuello, mientras su mamá cacarea porque le han quitado a sus pollitos. ¿Lo has visto alguna vez? —le preguntó el lobo.

—No, nunca —le respondió el niño.

—Pues si no lo has visto, ve a verlo. Y ahora voy a comerte. Eres un pollito, igual que ellos, y voy a comerte.

Y el lobo se abalanzó sobre el niño. El niño se asustó y gritó: «¡Ay, ay, ay!». Y, al gritar, se despertó.

Desde aquel día, el niño dejó de comer carne: no volvió a comer vaca, ternera, cordero ni gallina.

LEV TOLSTÓI, 1908

Círculo de lectura, aforismos recopilados por Lev Tolstói (selección)

21 de febrero

Hubo un tiempo en el que las personas se comían unas a otras; llegó un momento en el que dejaron de hacerlo, pero continuaron comiendo animales. Y ahora ha llegado el momento en el que cada vez más personas rechazan esta horrible costumbre.

1

Qué extraño que las sociedades que luchan por la defensa de los niños y la protección de los animales muestren tanta indiferencia hacia el vegetarianismo cuando precisamente el consumo de carne es, en la mayoría de los casos, la causa misma de esa crueldad contra la que quieren luchar mediante el castigo.

LUCY ROSE MALLORY

2

La gran trinidad del mal: el tabaco, el alcohol y la carne. Esta terrible trinidad causa grandes desgracias y estragos. La gente que cae bajo su poder se acerca a lo animal y se aleja de lo humano, de lo más preciado de la vida de los humanos: el raciocinio claro y el buen corazón.

3

Esa idea falsa según la cual nuestros actos con los animales no importan desde un punto de vista moral —o, dicho en el idioma de la moral por todos aceptada, que no existen responsabilidades frente a los animales— da muestra de una brutalidad y salvajismo escandalosos.

SCHOPENHAUER

4

Un viajero se acercó a unos caníbales africanos que estaban comiendo carne. Al preguntarles qué comían le respondieron que carne humana.

«¿Cómo podéis comer eso?», gritó el viajero. «¿Por qué no? Con sal está muy buena», le respondieron los africanos. Estaban tan acostumbrados a lo que hacían que ni siquiera eran capaces de entender a qué venían las exclamaciones del viajero.

Pues de este mismo modo es como los carnívoros son incapaces de entender que los vegetarianos se escandalicen al verlos comer cerdo, cordero y buey, solo porque su carne está buena con sal.

LUCY ROSE MALLORY

5

Las personas que matan animales y se los comen lo hacen sobre todo porque les han asegurado que Dios ha destinado a los animales al consumo humano y, por ello, no hay nada malo en matarlos. Pero esto no es cierto. Sea cual sea el libro en el que se haya escrito que no es pecado matar a un animal, en nuestros corazones está escrito con más claridad que en los libros que hay que compadecerse del animal igual que de la persona, y esto es algo que todos sabemos, a no ser que acallemos nuestra conciencia.

* * *

No os turbéis si al negaros a comer carne vuestros amigos y familiares os atacan, os censuran y se ríen de vosotros. Si comer carne fuera algo intrascendente, los carnívoros no atacarían así el vegetarianismo. Si se irritan, es porque actualmente ya tienen conciencia de su pecado, pero aún se sienten incapaces de librarse de él.

6 de mayo

La compasión por los animales es algo tan natural en nosotros que solo la costumbre, la tradición y la inculcación pueden lograr que nos volvamos insensibles ante su sufrimiento y muerte.

1

La compasión por los animales está tan estrechamente ligada a la bondad que se puede afirmar sin miedo a equivocarse que quien es cruel con los animales no puede ser buena persona. La compasión por los animales deriva de la misma fuente que la bondad hacia las personas. Así pues, cuando una persona sensible recuerda que, estando de mal humor, lleno de rabia o alterado por el alcohol, pegó a su perro, caballo o mono injustamente, sin motivo o haciéndole mucho daño, sentirá el mismo descontento consigo mismo que al recordar que ofendió a una persona, algo que en este caso, con voz acusadora, llamamos conciencia.

Schopenhauer

2

Temed a Dios, no maltratéis a los animales. Servíos de ellos mientras lo hagan de buen grado, dejadlos ir cuando estén cansados, y dad comida y bebida en abundancia a estas criaturas sin voz.

MAHOMA

3

No se puede obtener carne sin dañar a los animales, y matar a un animal dificulta el camino hacia la felicidad. Que por este motivo la gente deje de comer carne.

De las leyes de Manu

4

El ser humano es superior a otros animales no por ser capaz de torturarlos cruelmente, sino por ser capaz de compadecerlos.

Sabiduría budista (DHAMMAPADA)

5

No permitas a tus hijos matar insectos: con esto empieza el camino que lleva a matar a personas.

PITÁGORAS

* * *

La felicidad que a una persona le da el sentimiento de lástima y compasión por los animales le compensa cien veces más que el placer que pierde al negarse a cazar y a comer carne.

20 de junio

Hubo un tiempo en el que las personas comían carne humana y no encontraban nada malo en ello. Hoy en día aún hay tribus salvajes que lo hacen. Pero poco a poco las personas dejaron de comer carne humana. Y, del mismo modo, poco a poco están dejando de comer carne animal, y muy pronto llegará el día en el que la gente sentirá la misma repugnancia por la carne animal que la que ahora siente por la humana.

Basado en LAMARTIN

1

Del mismo modo que hoy se considera ruin e infame abandonar a un niño, organizar una lucha de gladiadores, torturar a los prisioneros y cometer otras atrocidades que antes a nadie le parecía ni censurable ni contrario al sentimiento de justicia, se acerca un tiempo en el que se considerará inmoral e inadmisible matar animales y emplear sus cadáveres como alimento.

DOCTOR JOHANN GEORG RITTER VON ZIMMERMANN

2

Si veis a niños torturando a un gato o a un pajarito para divertirse, los detenéis y les enseñáis que hay que sentir compasión por los seres vivos, pero vosotros cazáis y disparáis a palomas, asistís a carreras de caballos y os sentáis a comer seres vivos que han sido asesinados: estáis haciendo exactamente lo mismo que les prohibís hacer a los niños.

¿Es posible que esta contradicción tan alarmante no sea evidente para las personas y no las detenga?

3

El rechazo a comer carne cada vez se extiende más. Actualmente apenas hay ninguna ciudad importante en la que no haya desde uno hasta una docena o más de restaurantes vegetarianos en los que cocinan sin carne.

LUCY ROSE MALLORY

4

«No podemos proclamar los derechos de los animales terrestres, que se alimentan de la misma comida que nosotros, respiran el mismo aire y beben la misma agua; cuando los matamos, sus espantosos gritos nos conmocionan y nos hacen avergonzar de nuestros actos.»

Así pensaba Plutarco, aunque por algún motivo no incluía a los animales acuáticos. Con respecto a los terrestres, nos hemos quedado muy atrás.

5

No alces la mano contra tu hermano ni viertas la sangre de ningún ser vivo que habite en la tierra: ni de personas, ni de animales domésticos, ni de animales salvajes, ni de pájaros; en el fon-

do de tu alma una sabia voz te prohíbe verterla, pues la sangre
es vida, y tú no puedes devolverla.

LAMARTIN

* * *

Actualmente, cuando está claro que matar a un animal es un
crimen si se hace para satisfacer el placer o el paladar, la caza
y la alimentación carnívora ya no son cosas sin importancia,
sino directamente malas acciones, que conllevan —como cualquier mala acción que se comete conscientemente— otras acciones mucho peores.

20 de julio

La compasión por los animales despierta en nosotros un sen-
tiemiento semejante al dolor físico. Y del mismo modo que uno
puede endurecerse con respecto al dolor físico, también puede
endurecerse con respecto al dolor de la compasión.

1

La compasión por los seres vivos es la garantía más segura
y fidedigna de un comportamiento moral. Quien es compasivo

de verdad, probablemente no insultará, no ofenderá y no cau-
sará mal a nadie, será indulgente y perdonará a todo el mundo,
por lo que sus acciones llevarán el sello de la justicia y del humanitarismo. Si alguien dice: «Este hombre es virtuoso, pero
no conoce la compasión» o: «Es un hombre injusto y malvado,
pero muy compasivo», sentiréis la contradicción que esto en-
cierra.

SCHOPENHAUER

2

No mancilléis, mortales, vuestros cuerpos con manjares nefan-
dos. Hay cereales, hay frutas que con su peso curvan las ra-
mas, e hinchadas las uvas en las vides; hay hierbas sabrosas y
tiernas; tampoco os falta la leche ni las mieles que exhalan el
aroma de la flor de tomillo; la tierra suministra, generosa, sus
riquezas, alimentos deliciosos, y ofrece manjares sin matanza
y sin sangre. Con carne aplacan las fieras sus hambrunas, y aun
así no todas, pues los caballos y las reses y los rebaños viven
en los pastos; en cambio, las de índole salvaje y feroz, las ti-
gresas armenias y los rabiosos leones, así como los osos y los
lobos, gustan de los manjares sangrientos. ¡Ay, qué enorme crimen es engullir vísceras en vísceras y que un cuerpo voraz en-
gorde tragándose otro cuerpo, y que un ser vivo subsista a cos-
ta de la muerte de otro ser vivo! ¡Con tantos recursos como la

tierra, la mejor de las madres, produce y a ti solo te gusta morder con salvajes dentelladas crueles heridas y reproducir las maneras de los Cíclopes! ¡Y jamás, a menos que destruyas a otro, podrás aplacar el apetito de tu vientre voraz y mal acostumbrado! En cambio, aquella edad antigua a la que hemos dado el nombre de Edad de Oro era feliz con los frutos de los árboles y con las hierbas que engendra la tierra, y no manchó sus labios con carne. Entonces las aves agitaban seguras sus alas por los aires, la liebre correteaba sin temor campo a través, y su candidez no había colgado al pez del anzuelo; todo estaba libre de asechanzas, sin temor a trampa alguna y lleno de paz. Una vez que un innovador pernicioso, fuera quien fuese, sintió envidia de la comida de los leones y engulló en su ávido vientre manjares cárnicos, abrió camino al crimen, y es posible que la primera vez que una espada se entibió y manchó de sangre fuera a raíz de una matanza de fieras; pero bastaba con eso. Admito que no es delito dar muerte a fieras que buscan nuestra muerte, pero tan necesario era darles muerte como no lo era devorarlas. [...] ¿Qué mal hicisteis vosotras, ovejas, manso rebaño nacido para servir a los hombres, que lleváis néctar en vuestras hinchadas ubres, que nos dais vuestras lanas, suaves vestidos, y nos sois más útiles vivas que muertas? ¿Qué mal hicieron los bueyes, animales sin malicia ni engaño, inofensivos, ingenuos, nacidos para soportar las fatigas? [...] Luego (¡tan grande es en el hombre el apetito de manjares prohibidos!) os atrevéis, raza moral, a devorarla; no lo hagáis, os lo ruego, y haced caso de mis advertencias; y cuando entreguéis

al paladar los miembros de un buey sacrificado, sabed y com-
prended que estáis masticando a vuestro propio labrador. [...]
Todo se transforma, nada perece; el espíritu anda errante, va
de aquí allá y de allí acá, ocupando cualquier cuerpo, y de las
bestias pasa a los cuerpos humanos y a las bestias el nuestro y
nunca perece; y como la dúctil cera es modelada con nuevos
trazos y no permanece como antes era ni conserva las mismas formas, y no obstante sigue siendo la misma cera, así os
enseño que el alma es siempre la misma, pero emigra a dife-
rentes apariencias. Por tanto, para que la piedad no sea venci-
da por la gula del vientre, guardaos, os lo advierto, de deshauciar
por medio de criminal matanza unas almas parientes vuestras;
que la sangre no se alimente de sangre.

OVIDIO*

3

La primera condición para que la religión se pueda aplicar en
la vida es amar y compadecerse de todo ser vivo.

FO PEN-HSING CHI CHING

---

* Traducción de la edición de Antonio Ramírez de Verger (ed. Espasa). *(N. del T.)*

4

La compasión por los animales está tan estrechamente ligada a la bondad de carácter que se puede afirmar con toda seguridad que quien es cruel con los animales no puede ser buena persona.

SCHOPENHAUER

5

Cualquier asesinato es aborrecible, pero quizá el más aborrecible sea el de matar a otro ser para comértelo. Y cuanto más piensas la manera de matarlo, cuanto más atención y cuidados pones en que el animal que has matado esté lo más sabroso posible para satisfacer tu paladar, más aborrecible será el crimen.

GOLDSTEIN

* * *

Cuando sientas dolor al presenciar el sufrimiento de un ser vivo, no cedas a ese primer instinto que hace que te niegues a ti mismo ese espectáculo aterrador y te alejes corriendo. Haz lo contrario: corre hacia el que sufre y trata de ayudarlo.

24 de septiembre

Si comer carne fuera imprescindible y hubiera alguna justificación para ello, sería excusable no dejar de comerla. Pero esto no es así. Se trata simplemente de una mala acción que hoy en día carece de toda justificación.

1

¿Qué clase de lucha por la supervivencia o qué incontenible locura nos ha llevado a mancharnos las manos de sangre para alimentarnos de carne animal? ¿Por qué los hacéis, vosotros, que tenéis todo lo necesario y todas las comodidades de la vida? ¿Por qué calumniáis a la tierra, como si fuera incapaz de alimentaros sin recurrir a la carne animal?

PLUTARCO

2

Si no estuviéramos tan ciegamente sometidos a la costumbre que nos esclaviza, ninguna persona sensible podría reconciliarse con la idea de que para alimentarnos es necesario matar cada día a tantos animales, a pesar de que la madre tierra nos ofrece tal variedad de tesoros vegetales.

BERNARD DE MANDEVILLE

3

Me preguntáis por qué motivo Pitágoras se abstenía de comer carne. Yo, por mi parte, no comprendo qué clase de sentimiento, pensamiento o razón llevó a la primera persona que decidió mancharse la boca con sangre y permitió que sus labios tocaran la carne de un animal muerto. Me sorprendo de quién admitió en su mesa formas desfiguradas de cuerpos sin vida y exigió en su alimentación diaria lo que hasta hacía muy poco había sido un ser vivo dotado de movimiento, comprensión y voz.

PLUTARCO

4

Aquellos seres lastimosos, primeros en recurrir al consumo de carne, tienen excusa: la carencia absoluta de medios para subsistir hizo que aquellos pueblos primitivos adoptaran unos hábitos sangrientos. Pero no fue para complacer sus caprichos ni para entregarse a la voluptuosidad anormal del que tiene todo lo que necesita, sino por necesidad. Sin embargo, en nuestro tiempo, ¿cuál puede ser nuestra justificación?

Basado en PLUTARCO

5

Sirva como una de las pruebas de que comer carne es algo impropio del ser humano la indiferencia que los niños muestran hacia esta y su predilección por las verduras, lácteos, galletas, fruta, etcétera.

ROUSSEAU

6

El cordero está mucho menos hecho para el hombre que el hombre para el tigre, porque el tigre es un animal carnívoro, y el hombre no fue creado como tal.

2 de diciembre

«No matarás» no se refiere únicamente a matar a una persona, sino a matar a cualquier ser vivo. Y este mandamiento fue grabado en el corazón humano antes de ser escrito en el Sinaí.

1

Por muy convincentes que sean los argumentos contra la alimentación vegetariana, uno no puede dejar de sentir compasión y aversión por la matanza de ovejas y gallinas, y la mayoría de las personas antes preferirán privarse del placer de consumir carne que comteter ellas mismas tales crímenes.

2

«Pero si nos compadecemos de ovejas y conejos, también debemos compadecernos de lobos y ratas», dicen los enemigos del vegetarianismo. «También de ellos nos compadecemos —responden los vegetarianos—, tratamos de encontrar medios alternativos que no impliquen su muerte, y los encontramos. En cuanto a los insectos, aunque no sentimos hacia ellos una compasión directa (Lichtenberg afirma que nuestra compasión por los animales es directamente proporcional a su tamaño), creemos que también debemos sentir compasión por ellos (como Silvio Pellico por la araña), y que se pueden buscar medios alternativos a su muerte».

«Pero las plantas también son seres vivos y vosotros destruís su vida», dicen también los enemigos del vegetarianismo. Pero este argumento determina mejor que nada la esencia del vegetarianismo e indica los medios para satisfacer sus exigencias. El vegetarianismo ideal es alimentarse de frutos, es decir, de la envoltura de las semillas que contienen la vida: manzanas, melocotones, sandías, calabazas y bayas. Los higienistas reconocen que esta alimentación es la más sana y que con una alimentación así la persona no destruye ninguna vida. Es importante destacar, además, que el agradable sabor de los frutos —el envoltorio de las semillas— hace que la gente los coja y se los coma, y que luego, al tirarlos al suelo, contribuya a que se multipliquen.

3

Cuanto más aumenta la población y su educación, la gente va pasando de comer personas a comer animales, de comer animales a alimentarse de cereales y vegetales, y de esta alimentación a la más natural para nosotros: los frutos.

4

La apropiación de vastas extensiones de tierra por parte de grandes propietarios ha provocado que los frutos de estas constituyan un lujo. Cuanto más equitativo es el reparto de la tierra, más frutos produce.

5

La lectura y escritura no se pueden considerar ni mucho menos educación si no ayudan a las personas a ser más buenas con todos los seres vivos.

JOHN RUSKIN

«El pecado de comer carne» (de *El camino de la vida*)

1

El filósofo griego Pitágoras no comía carne. Y cuando a Plutarco, que había escrito la vida de Pitágoras, le preguntaban sobre ello, respondía que lo sorprendente no era que Pitágoras no comiera carne, sino que la gente, pudiéndose alimentarse y saciarse de cereales, verduras y frutos, aún siguiera cazando seres vivos, degollándolos y comiéndoselos.

2

Ya en la antigüedad los sabios enseñaban que no había que comer carne, sino alimentarse de plantas; pero nadie les creyó y la gente siguió comiendo carne. Pero ahora, año tras año, más personas consideran que comer carne es un pecado, y no lo hacen.

Nos sorprendemos de que en el pasado hubiera personas que se alimentaran de carne humana, y de que en África esto aún se siga haciendo. Pero llegará un día en el que la gente se sorprenderá igual de cómo podíamos matar animales y comérnoslos.

3

«Ten lo imprescindible y responde de ti mismo» es un buen proverbio que se debe seguir.

4

Durante diez años la vaca te ha dado alimento a ti y a tus hijos, y la oveja con su lana te ha vestido y te ha dado calor. Y ¿cómo las recompensas tú? Les cortas el pescuezo y te las comes.

5

De no ser por la avidez, ningún pájaro caería en la red, y los pajareros no tendrían qué cazar. A las personas se las caza con el mismo cebo. Su tripa actúa como una cadena en sus manos y un candado en sus pies. Y quien sea esclavo de su tripa siempre será un esclavo. Si quieres ser libre, ante todo libérate de tu tripa. Lucha contra ella. Come para aplacar el hambre, pero no para obtener placer.

Basado en SAADI

6

«No matarás» no se refiere únicamente a matar a una persona, sino a matar a cualquier ser vivo. Y este mandamiento fue grabado en el corazón humano antes de ser escrito en el Sinaí.

7

La compasión por los animales está tan estrechamente ligada al buen carácter que se puede afirmar con toda seguridad que quien es cruel con los animales no puede ser buena persona.

Schopenhauer

8

No alces la mano contra tu hermano ni viertas la sangre de ningún ser vivo que habite en la tierra: ni de personas, ni de animales domésticos, ni de bestias, ni de pájaros. En el fondo de tu alma una sabia voz te prohíbe verter sangre, pues la sangre es vida, y tú no puedes devolverla.

Lamartin

9

La felicidad que a una persona le da el sentimiento de lástima y compasión por los animales le compensa cien veces más que el placer que pierde al negarse a cazar y a comer carne.

El pollo

En otoño mi madre solía viajar a Moscú con mis hermanos pequeños, que estudiaban en la ciudad. Mi padre, mi hermana y yo nos quedábamos en Yásnaia Poliana algunos meses más. Nosotras, al igual que mi padre, vivíamos como Robinson; es decir, tratábamos de apañarnos sin ayuda del servicio: limpiábamos las habitaciones y cocinábamos (por supuesto, era una comida estrictamente vegetariana).

Una mañana nos enteramos de que ese mismo día vendría a visitarnos nuestra tía, gran amiga de la familia, y a la que queríamos mucho. Sabíamos que a mi tía le gustaba la buena comida, sobre todo la carne. ¿Qué podíamos hacer? ¿Cocinar un «cadáver»? (así es como nos referimos a la carne). La sola idea de hacerlo nos llenaba de horror. Cuando mi hermana y yo lo estábamos discutiendo, entró mi padre, y le dijimos que no sabíamos qué hacer.

—Cocinad lo de siempre —nos dijo.

Llegó nuestra tía, tan guapa, alegre y enérgica como de costumbre.

A la hora de comer fuimos al comedor. Y ¿qué fue lo que

vimos? Entre los cubiertos de mi tía había un enorme cuchillo de cocina; además, había un pollo vivo atado a la pata de una silla. El pobre pollo se revolvía y tiraba de la silla.

—¿Ves esto? —le dijo nuestro padre a la invitada—. Como sabemos que te gusta comer seres vivos, te hemos preparado un pollo. Pero como ninguno de nosotros lo puede matar, te hemos dejado aquí ese instrumento mortífero. Hazlo tú misma.

—¡Ya estás con una de tus bromas! —exclamó la tía Tania riendo—. Tania, Masha, desatad inmediatamente al pobre animal y ponedlo en libertad.

Nos apresuramos a cumplir su deseo. Tras liberar al pollo, servimos la comida que habíamos preparado: macarrones, hortalizas y fruta. Nuestra tía se lo comió todo con gran apetito.

Sin embargo, debo decir que la lección que su querido cuñado le había dado no la hizo cambiar de opinión: siguió comiendo carne.

Del diario de Tatiana Sujótina-Tolstaia,
hija de Lev Tolstói

«Reforma de la alimentación» (Palabras de un vegetariano convencido)

San Petersburgo, 7 de marzo de 1903

Queridos hermanas y hermanos:

Quiero compartir con vosotros algunas ideas sobre la reforma de nuestra alimentación; aunque no son nuevas, me han tenido ocupado en los últimos tiempos.

La Sociedad Vegetariana de San Petersburgo se dedica a este aspecto —tan importante y accesible para todos— de la reforma de nuestra vida. Por lo tanto, no hay lugar más adecuado que este para hablar de ello.

La Sociedad Vegetariana de San Petersburgo defiende la necesidad de abandonar la alimentación animal y sustituirla por la vegetal, algo que es más justo, beneficioso y moral. Comer carne no tiene la menor justificación desde ningún punto de vista; la ciencia y la experiencia nos han demostrado que la carne es perjudicial para el ser humano y que no es un alimento natural para él. Se ha demostrado y comprobado que el ser humano, como tipo de primate superior, no es un animal omnívoro, sino frugívoro por su constitución, por los dientes e intestinos; que para el estómago humano la carne es de muy difícil digestión, ya que genera en nuestros órganos una tensión que los perjudica. Se ha demostrado que la carne introduce en el organismo del ser humano gran cantidad de tóxicos, muchos más que los desechos de la alimentación vegetal, lo que envenena y deteriora nuestra sangre y nos causa numerosas enfermedades. Se ha demostrado y comprobado mediante la experiencia que las personas que siguen una dieta vegetariana viven más que las carnívoras, y que gozan de mejor salud y de mayor vigor. Por ello, desde un punto de vista fisiológico no cabe duda de que la carne es tóxica, y que su uso debe ser descartado por constituir un producto alimenticio perjudicial para nosotros.

Ahora, vayamos al punto de vista económico. A este respecto, ha quedado demostrado que una minoría de la humanidad —alrededor de la quinta parte— se alimenta de carne, mientras que la enorme mayoría de la población de la Tierra es vegetariana. Si todo el mundo empezara a comer carne, no habría suficientes pastos para tanto ganado, que es producido de manera artificial. Por otro lado, se ha demostrado que con la misma superficie de tierra se puede obtener mucha más cantidad de alimentos vegetales, saludables —grano, verdura y fruta— que si empleáramos esa superficie para que el ganado pastara. Con el aumento de la ocupación de la tierra, los pastos se están reduciendo y se van a reducir inevitablemente, y se sustituirán y se están sustituyendo por campos labrados, huertos y jardines.

Además, la alimentación vegetariana es más barata que la carnívora, y si nos remitimos a las cifras, estas nos lo demuestran de modo elocuente. Hay un excelente libro titulado *Zdoróvaia zhizn* [Vida sana], cuyo autor es un vegetariano sueco, que aporta ejemplos comparativos de cuánta cantidad de proteína contiene la carne y los vegetales, e indica cuál es su precio.

En 100 gramos de guisantes encontramos 20 gramos de proteína, la misma cantidad que en 100 gramos de carne de buey; sin embargo, mientras que los 100 gramos de guisantes cuestan 2 øre (es decir, 1 kopek), 100 gramos de carne cuestan 13 øre (es decir, 6 kopeks y medio). Por consiguiente, la carne es seis veces más cara que los guisantes.

En 100 gramos de harina de trigo encontramos la misma proteína que en 100 gramos de carne de ternera, pollo o cerdo; sin embargo, la harina cuesta cinco veces menos que estos tipos de carne.

Podría aportar muchos más ejemplos de la misma validez, pero de momento son suficientes para mostrar que, desde un punto de vista económico, la alimentación vegetal es más ventajosa que la animal.

Desde una perspectiva moral, alimentarse de carne tampoco tiene ninguna justificación, y hoy en día constituye una mancha negra y vergonzosa en nuestra cultura. Hacemos que los animales se reproduzcan y los matamos para alimentarnos, cuando esto no solo no es indispensable para nosotros, sino que incluso nos resulta perjudicial. En esto somos como un loco que cree que debe comerse su propia mano para sobrevivir y por ello se muerde los dedos hasta sangrar; pero en cuanto alguien le dé de comer, se calmará y poco a poco sanará. Pues nosotros comemos animales del mismo modo que el loco: acabando con nuestra salud —y, por lo tanto, destruyéndonos— e irritándonos. Y no sanaremos hasta que no abandonemos esta alimentación y la sustituyamos por una alimentación vegetal, que es lo natural para nosotros.

Al mismo tiempo, es poco probable que ninguno de nosotros acceda a ir a un matadero para sacrificar allí a un toro, como cada día y a todas horas hacen los matarifes.

Si alguien no ha visitado los modernos mataderos que hay en nuestras ciudades, le aconsejo que vaya cualquier mañana clara de primavera y vea cómo a su alrededor caen sobre sus rodillas delanteras esos animales indefensos y mudos de ojos grandes, derribados por los golpes de los matarifes. Es algo muy instructivo. Después desollan al animal en un instante, que todavía está caliente y sigue estremeciéndose, y le sacan sus órganos humeantes. Después de visitar un matadero es poco probable que alguien quiera comerse un rosbif o un bistec rojo para desayunar, y, si lo hace, se tratará de una persona totalmente corrompida y desalmada. Digo «desalmada» porque el alma humana no puede dejar de escandalizarse, estremecerse y sufrir al contemplar cómo otra alma es destruida ante sus ojos, aunque se trate del alma de un animal de orden inferior. Una persona sensible sufre ante el espectáculo de un abedul que, tras ser cortado por un serrador, con las hojas y la copa estremeciéndose antes de morir, cae al suelo con gran estrépito.

Estoy convencido de que en el futuro la humanidad dejará de alimentarse incluso de vegetales y se alimentará únicamente de frutos, que han sido creados por la propia naturaleza como el alimento ideal para el ser humano. Cuando la fruta ha madurado, cae del árbol y al comértela no destruyes nada vivo. No destruyes ni siquiera su semilla.

El ideal de la reforma de nuestra alimentación está justamente en llegar a alimentarnos de fruta. Quizá pasen miles de años antes de llegar a ese punto, pero es posible que lo logremos mucho antes, porque nadie sabe cómo avanzará la vida en el futuro. Pero dejemos el futuro y volvamos al presente.

Hemos visto que la carne es veneno; hemos visto que no es posible que todos los habitantes de la tierra la consuman; hemos visto que hacerlo es inmoral. Nos hemos convencido de todo esto y nos hemos hecho vegetarianos. Perfecto. Y ¿qué comemos ahora, hasta que no sea posible alimentarse únicamente de frutos? ¿Es la alimentación vegetal lo suficientemente nutritiva como para sustituir a la animal? Esta es una cuestión que no admite dos respuestas. Tenemos suficiente —e incluso demasiado— grano y verdura, y bastante cantidad de frutos si quisiéramos alimentarnos únicamente de ellos. Tenemos excelentes manzanas, peras, ciruelas pasas y bayas rusas. Asimismo, tenemos acceso a fruta de países meridionales gracias a las nuevas vías de comunicación, que lo facilitan. ¿Por qué no

vamos a alimentarnos solo de frutos? Puesto que esta es la alimentación natural para el ser humano, probablemente nos en-
contraríamos perfectamente bien si los consumiéramos en ex-
clusiva.

Pero nos asusta pasarnos al lado de la verdad de forma directa y abierta.

No encontraremos entre nosotros ni a un solo valiente que
se decida a intentarlo en su propia piel, y es posible que esto se
deba a que la humanidad está predestinada a avanzar a paso de
tortuga, a alcanzar las mejores formas de la vida a paso lento,
a corregir sus prejuicios y a librarse de ellos.

El vegetarianismo, en un sentido moderno, también sirve
para esto.

Para empezar, dejemos de comer carne y alimentémonos de
frutos, gachas, pan, nabo, zanahoria, col, manzanas, peras, etcétera; alimentémonos primero de todo esto cociéndolo, asán-
dolo o estofándolo (es decir, estropeándolo con el fuego), para
pasar después a una alimentación de frutos crudos (es decir, a
una alimentación natural para el ser humano).

Durante las dos sesiones de esta sociedad a las que he asis-
tido ha habido entre el público varias personas que han querido
saber más concretamente qué se puede comer cuando se aban-
dona la alimentación animal. Y digo «animal» porque estoy convencido de que también los huevos y la leche, admitidos por
la Sociedad Vegetariana de San Petersburgo, son perjudiciales
para el ser humano, y no constituyen su alimentación natural.
Consumidos con vegetales, los productos de origen animal pro-

vocan en el estómago una fermentación perjudicial para el organismo humano. Por otra parte, esto no tiene tanta importancia. Lo importante es que, para empezar, seamos conscientes de que la carne es veneno para nosotros y que vayamos más allá. Vuelvo a la cuestión de la que estaba hablando.

Digo que muchos han preguntado aquí qué se puede comer cuando no hay carne en nuestra alimentación: ¿qué alimentos consumimos? En primer lugar, quiero remitir a los interesados en esta cuestión a los libros de cocina vegetariana que existen; en segundo lugar, y, según mi experiencia con la alimentación vegetariana, voy a indicar algunos alimentos que podemos ingerir a lo largo del día que satisfacen completamente las exigencias nutritivas. Resulta muy sorprendente pensar cuánto nos hemos alejado de nuestra alimentación natural cuando la comparamos con los alimentos que ingerimos diariamente en nuestras casas, en los hoteles, estaciones ferroviarias, comidas de gala, etcétera.

Hace unos días, cuando volvía de Suecia, observé durante los trayectos de ida y el de vuelta a la pobre humanidad desde la óptica de la higiene auténtica y del vegetarianismo: por la mañana, un café o té con crema de leche muy caliente, que quema la lengua, los dientes y el estómago, y los estropea. A esto se le añade un panecillo blando de leche untado con margarina. Todo esto forma en el estómago una bola pesada, indigesta y nada nutritiva.

Después viene la comida, que empieza con vodka o algo para picar. 1. Sopa caliente de carne o, mejor dicho, aguachirle de carne con empanadillas rellenas de cadáver troceado de animal. 2. Esturión, es decir, cadáver de pez con encurtidos, o, mejor dicho, de pedacitos de comida microscópica intoxicada con vinagre. 3. Rosbif o un pedazo caliente de buey, un cadáver ya descompuesto con patatas. 4. Helado de nata, es decir, crema de leche que, encima, contrae la garganta. 5. Café caliente, es decir, otra vez veneno. Nada que añadir: unos alimentos fabulosos. Cada comida viene acompañada de vino (fermentado en exceso, es decir, zumo de uva estropeado), que llena el estómago con un alimento antinatural. La sopa caliente estropea los dientes y el estómago, y apenas alimenta. Las empanadillas caen de nuevo como una bola en el estómago. El pescado y los encurtidos intoxican el organismo con sus venenos, la carne hace lo mismo aún en mayor medida, y, además, lo irrita de un modo antinatural y enfermizo. El helado enfría, sobrecarga y estropea definitivamente la digestión. El café de nuevo irrita e intoxica. Después de una comida así la pobre persona lo va a pasar fatal y, no en vano, se empieza a encontrar mal. Al día siguiente, tras otra «formidable comida», la gente suele enfermar, y solo la costumbre de encontrarse mal le cierra los ojos a su error.

Pero pasemos a la cena del europeo moderno. Otra vez carne o pescado, otra vez pan tierno, otra vez té —todo ello caliente—, otra vez vino y, finalmente, una noche de insomnio. Con una alimentación tan demencial, ¿qué resultados para la salud puede esperar la humanidad moderna, la llamada «sociedad avanzada»? Por supuesto, solo se pueden esperar resultados adversos, que, por desgracia, son los que observamos diariamente en quienes nos rodean. A nuestro alrededor todo el mundo está enfermo, y solo nos salvamos unos pocos de nosotros, los que nos hemos dado cuenta de ello y hemos conocido la verdad.

Por mi parte, quiero explicar cuál puede ser la alimentación de un vegetariano a lo largo del día. Empezaré por la mañana. A las 8-9 de la mañana, en vez de café, puede tomar gachas de avena con manteca animal o vegetal (mejor esta última), o arroz, manzanas, pasas y nueces. El almuerzo, a las 13 horas: macarrones o gachas de trigo sarraceno y cualquier verdura (nabo, zanahoria, col, patata, guisantes o habas). Cena a las 18-19 horas: sopa de setas con alguna hierba, o también con avena, zanahoria o tupinambo, etcétera. (se puede pasar fácilmente sin sopa). Algo que contenga harina o cereales: gachas, arroz, *pelmeni*,* pastel de gachas o de arroz, verdura, fruta, nueces. Por la noche, antes de ir a dormir, si se tiene hambre, pan y manzanas. La bebida principal debe ser agua sin hervir. Yo bebo la del río Nevá y nunca me ha sentado mal.

Estos son los principales alimentos con los que uno puede sentirse perfectamente bien, y son muchos —y no pocos, como suelen pensar quienes se alimentan de carne—. Nosotros, los vegetarianos, nos debemos moderar especialmente, porque por nuestras venas corre una sangre caliente y pura, y podemos apasionarnos no menos, sino más que aquellos que están in-

---

* Especie de raviolis rellenos de carne o verduras. *(N. del T.)*

toxicados. Pero no estoy propugnando en absoluto que mor-
tifiquemos la carne ni nos moderemos en la comida hasta el
punto de pasar hambre. Esto es algo que no se debe hacer. Al
contrario, hay que aprovechar los bienes que nos han sido da-
dos, hay que comer hasta saciarse y con placer porque es algo
natural y nos proporciona el vigor y la alegría necesaria. En mi
opinión, la mortificación de la carne es uno de los mayores pe-
cados que solo frena y embrolla el avance de la vida. Debemos
preocuparnos de una manera sensata de la vida de nuestro cuerpo, ya que de este modo lo estamos limpiando y fortaleciendo
y, a su vez, estamos fortaleciendo nuestro espíritu. Los enemigos del vegetarianismo aseguran que con nuestro clima frío y
septentrional la alimentación animal nos resulta imprescindible, porque es más rica en grasas que la vegetal; que necesitamos la grasa para calentar nuestro organismo. Esta es una de
las objeciones más frecuentes que se hace al vegetarianismo.
A esto hay que responder lo siguiente: con la alimentación animal ingerimos demasiadas grasas, y esto nos ha causado toda
clase de enfermedades.

Cuantas menos grasas consumamos, más sanos estaremos.
Lo que nos calienta no es la grasa, sino la sangre limpia. Para
que la sangre esté limpia y sea de buena calidad, hay que seguir
una alimentación vegetariana, que es la propia de nosotros, don-
dequiera que vivamos, sea en el norte o en el sur. Actualmente, también en el norte tenemos acceso a la alimentación vegetal, tan esencial para el ser humano que los esquimales —que
no tienen la posibilidad de comer vegetales— cuando matan a

un animal le sacan de los intestinos restos de plantas como alimento. Solo la terrible necesidad hizo al ser humano alejarse del sur —lugar donde nació la humanidad— para establecerse en el norte, donde, rodeado de nieve y bosques, empezó a matar animales para alimentarse. Cuando esta necesidad ya ha pasado, el ser humano debe volver a su alimentación natural, a los vegetales y a los frutos. Se suele aludir también a la albúmina y la carne. Pero hemos visto que hay vegetales que contienen tanta proteína como la carne; además, contienen muchas más sales —esenciales para el organismo humano— y menos grasas —perjudiciales para este—. Por ello, esta objeción tampoco tiene fundamento.

Hay que destacar que, para que en una dieta vegetariana las propiedades de los vegetales no se pierdan durante la cocción, lo mejor es no hervirlos, sino cocinarlos al vapor. Para ello hay que utilizar una olla con agujeros en la base, donde colocaremos los vegetales o las frutas. Esta olla se pone encima de otra y, de este modo, la comida se cocina al vapor. Es más conveniente hacerlo así hasta que pasemos a consumir los alimentos crudos. En Europa, a estas ollas de la cocina vegetariana se las conoce como «cocederas reformadas» y se venden en Estocolmo y Berlín. En nuestro país podemos encontrar algo parecido en la tienda Zwerner. A quien hacer esto le resulte pesado, entonces le recomiendo que sirva los alimentos en el agua donde los ha hervido y que emplee la menor cantidad de agua posible. En resumen, y una vez más: ¿en qué debe consistir la reforma de nuestra alimentación? Debe consistir en pasar cuidadosamente de la alimentación animal a la vegetal, con la particularidad de que en esta última deberemos tratar de conservar todas sus propiedades nutritivas. Para ello podemos empezar cocinando al vapor y, más adelante, pasar a consumir los alimentos fríos y crudos, es decir, en su forma natural.

La reforma de la alimentación es una de las facetas más importantes de la reforma de nuestra vida en general, y no se debe desdeñar. Con razón dijo Goethe que «somos lo que comemos». Para quienes coman cerdo esta opinión de Goethe no será nada halagadora, pero qué le vamos a hacer si es cierto.

A fin de cuentas, ¿no hay ya suficientes bestialidades y animaladas en la humanidad? Y ¿no se estarán produciendo estas por la simple razón de que el hombre moderno se ha alejado de las condiciones normales de la vida y de sus leyes, y se ha bestializado a causa de su —así llamada— cultura?

El hombre ha echado a perder y contaminado su sangre con la carne, el alcohol y el tabaco. Se ha encerrado en viviendas con el aire viciado, donde se entrega a excesos y a extravíos. Ha confundido completamente y ahogado en su interior su naturaleza.

La reforma de nuestra alimentación —esto es, pasar gradualmente hacia una alimentación que sea natural para el ser humano (los frutos)— puede contribuir en gran manera a limpiar nuestra vida y nuestras costumbres.

La comida es el combustible que mantiene el calor de nuestro cuerpo. Si el combustible no es el adecuado, por nuestras venas no correrá la cantidad suficiente de sangre pura y viva.

Nos tenemos que ocupar de esto antes que nada. Junto con ello, debemos cuidar también otras condiciones higiénicas del alma y del cuerpo; así, sin darnos cuenta, saldremos de la maraña de la mentira moderna y de sus errores.

Aquí, en esta sociedad, ya se ha hablado de la necesidad de respirar aire puro, se ha hablado de la «higiene del dormitorio», es decir, de la necesidad de dormir todo el año con la ventana abierta —o, por lo menos con el ventanillo abierto—. Es necesario tomar esta medida junto con la reforma de nuestra alimentación, ya que puede y le será de gran ayuda. Si dormimos de un modo correcto y saludable, nuestros instintos y sentimientos serán más saludables y correctos, y nos ayudarán a mantenernos en la verdad en el resto de los asuntos de la vida.

Ser vegetariano, dormir con las ventanas abiertas, moderarse en las relaciones sexuales y, a fin de cuentas, la bondad, la tranquilidad, la atención y el amor hacia el prójimo: todo esto forma parte de un todo. Por ello, veo en la reforma de la alimentación un paso tan importante para lograr una salud física, intelectual y espiritual excelentes.

Quién sabe, quizá nosotros, este pequeño grupo aquí reunido, estemos llamados a ser de gran utilidad a la gente, y a través de nosotros la verdad se extenderá por este mundo ignorante y lo transformará antes de lo que nos imaginamos. Nuestra verdad consiste en que debemos purificarnos, debemos ser más saludables, mejores, debemos unirnos en una estrecha comunidad fraternal de personas que se desean el bien mutuo, y que viven según las leyes de su verdadera naturaleza.

Cada uno de nosotros ha experimentado por sí mismo la enorme importancia e influencia que tiene la salud sobre nuestra vida. Hemos experimentado la importancia que tiene la debilidad y la enfermedad en nuestro estado de ánimo, es decir, en nuestra esencia espiritual, y hasta qué punto esta esencia depende del estado de nuestro cuerpo. Si hemos dormido mal, si nos duele la cabeza o el hígado, si el corazón nos late agitadamente, perdemos la serenidad de espíritu con mucha más facilidad, nos afligimos más fácilmente, nos enfadamos y nos desesperamos, y aunque logremos contenernos, no somos capaces de desarrollar un trabajo ni una vida activa. Es cierto, hay personas fuertes de espíritu que aún en su enfermedad conservan el equilibrio espiritual, no se quejan del dolor físico ni de su debilidad, que lo soportan con una extraordinaria sabiduría y que, pase lo que pase, continúan sirviendo a Dios, es decir, al amor. Estas personas demuestran con su paciencia y calma que el alma humana no está enteramente unida a la carne, sino que representa un ente separado que puede no depender de ella. De modo que no se puede afirmar exclusivamente: *«Mens sana in corpore sano»*. Para ser completamente justos con la definición de la auténtica salud del ser humano, hay que decir que esta salud no solo consiste en un cuerpo sano, sino también en un alma sana.

Si, por ejemplo, una persona tiene una enfermedad terrible e incurable, pero la soporta con paciencia y sabiduría, y con el alma serena y luminosa, estará sana espiritualmente; incluso es posible y probable que esté mucho más sana que muchas otras personas. Sin embargo, física y corporalmente está destruida y no es apta para el trabajo. Si, al contrario, una persona tiene el cuerpo sano y fuerte, pero el alma inquieta y sombría, en realidad no está completamente sana porque su alma está enferma e inerte.

Lograr alcanzar la salud en ambas facetas de la esencia humana constituye el objetivo final de una auténtica higiene.

Dejar de comer carne sirve como «primer peldaño» para alcanzar un estado de salud espiritual y corporal armónico. La ciencia nos confirma de nuevo esta verdad, y por ello es tan importante que cada uno de nosotros la aplique en su vida.

El paso consciente de la sociedad moderna y avanzada hacia el vegetarianismo tiene y tendrá una enorme importancia sanadora y purificadora en la vida, mucho más importante de lo que pueda parecer.

La reforma de la alimentación —pasar a una dieta vegetal— puede ser el inicio de la reforma total de nuestra vida, porque constituye una reforma de la personalidad de cada individuo, una liberación de su continua intoxicación —la carne— y la purificación de su sangre, cerebro y alma.

Para nosotros, los vegetarianos convencidos, resulta doloroso ver cómo diariamente a nuestro alrededor la gente —a veces nuestros seres más próximos y queridos— se intoxican con los cuerpos de animales asesinados (creando así cementerios en sus estómagos), porque creen firmemente que esta intoxicación les resulta imprescindible. Nuestros padres y madres, nuestras esposas y maridos muy a menudo se alzan contra nuestras con-

vicciones, y no desean comprender —ni son capaces de ello—
la verdad que defendemos. Alimentan a nuestros hijos con carne, los destruyen desde su más tierna infancia, se destruyen
a sí mismos y, por lo visto, es imposible disuadirlos de su
error. Nosotros, los vegetarianos, les demostramos claramente, como dos y dos son cuatro y desde todos los puntos de vista, que la carne es veneno, que no es un alimento para el ser
humano, pero no nos escuchan y se limitan a repetir ese pre-
juicio viejo y profundamente arraigado en su cerebro de que
la carne nos resulta imprescindible, sobre todo a los niños,
que necesitan crecer y fortalecerse. Les ponemos el ejemplo
de que el 80% de la humanidad, que no se alimenta de carne, está formado por personas vigorosas y sanas; les ponemos
como ejemplo a los animales herbívoros y frugívoros, los más
vigorosos y fuertes del reino animal, les aportamos eviden-
cias de la ciencia, fisiología, anatomía y anatomía comparada,
de la química e higiene; les aportamos, a fin de cuentas, ejemplos y muestras de la experiencia, pero todo es en vano. Los
carnívoros convencidos continúan envenenándose con carne
y envenenando con costillas y caldos a sus hijos, estropeándo-
les para siempre los estómagos y la sangre desde los primeros
años de vida.

¿No es esto terrible, no es esto triste?

Pero por muy terrible y triste que sea, no debemos entris-
tecernos, debemos alegrarnos de esta tarea digna de nosotros,
una tarea importante y grande, y debemos realizarla sin cru-
zarnos de brazos. Debemos aferrarnos fuerte y con pasión a

nuestras convicciones, y defenderlas y profesarlas con idéntica pasión. Solo la conciencia se contagia.

Por ello, debemos seguir conservando, de un modo inmutable y profundo, la conciencia de nuestra verdad, y esta finalmente será escuchada y aceptada por los demás por su propio bien.

Y debemos soportar nuestra aflicción —es decir, la aflicción de que las personas más allegadas y queridas no nos comprendan— con sabiduría, y tener la esperanza de que seremos recompensados por ello.

Ya es una gran recompensa y alegría que nos hayamos reunido aquí tanta gente que comparte las mismas ideas, que no come carne, no bebe alcohol ni fuma tabaco, que desea vivir mejor y de un modo más sincero, y que desea de todo corazón lo mismo para los demás.

Aún nos alegraría más que alguna de las personas que hoy nos está escuchando —aunque solo fuera una— se imbuyera de la justeza de las ideas que aquí se han pronunciado y se las llevara consigo para difundirlas entre la gente.

Hace unos días leí en algún lugar que en el zoológico de Berlín a los monos enjaulados les dan de comer caldo y carne picada, y que por ello nunca viven más de uno o dos años, y mueren de distintas enfermedades: tisis, catarro, cáncer, etcétera. Por ese motivo los monos son los ejemplares más valiosos en un zoo.

¿No se asemeja la humanidad culta de hoy en día —qué amargas suenan estas palabras— a los monos enjaulados? ¿No sufre el hombre moderno, primate superior —es decir, animal frugívoro— las mismas dolencias por las cuales los monos mueren en los zoológicos? Porque no mueren por las jaulas, sino por la carne picada. No tengo ninguna duda de que es justamente por esto.

Reemplacemos el caldo y la carne picada por dátiles y manzanas: son mucho más sabrosos y no más caros; destruyamos nuestras jaulas, abramos las ventanas de nuestras casas, de nuestras jaulas, salgamos a ser libres y volvamos a las leyes de nuestra naturaleza, que tan desvergonzadamente hemos quebrantado.

LEV TOLSTÓI (hijo)

editorial **K**airós

Puede recibir información sobre nuestros
libros y colecciones o hacer comentarios
acerca de nuestras temáticas en

www.editorialkairos.com

Numancia, 117-121 • 08029 Barcelona • España
tel +34 934 949 490 • info@editorialkairos.com